JN124821

人事評価制度を生き返らせる!

評価制度の運用・研修パーフェクトガイド

人事コンサルタント
社会保険労務士
榎本あつし

アニモ出版

はじめに
「人事評価制度は運用が大事」というけれど…

「人事評価制度は運用が大事」ということに、異論を唱える人はあまりいないと思います。

では、「運用はうまくいっていますか？」との質問に対して、あなたはどのように回答されるでしょうか。この本を手に取り、ここを読まれているということは、おそらく「いや、あまり…」という言葉が出てくるのではないでしょうか。

「人事評価制度」は「制度」です。「制度」は、手段でありツールでしかありませんので、当然「使ってナンボ」のものです。

ダイエットのためのランニングマシンを買っても、ずっと置くだけのものになっていたり、高い調理器具を買っても、戸棚の奥に眠っているだけになっているのと同様に、ツールは使わないと何の効果も出ません。また、そこまでまったく使わないわけではなくても、数か月に１回だけちょっとやってみたとか、１年に１回だけ引っ張り出して使ってみても、やはりダイエットの成果や満足のいく料理の出来栄えにはならないでしょう。

「ツールを継続して使用し、人が慣れて使いこなす」

ということが、効果を出すためにはとても重要なのです。

当たり前、と思われるかもしれませんが、企業の取り組みのなかでも、これができていないのが「人事評価制度」です。

「導入時には関心が高く、それなりの労力・コストをかけて作成したが、数年経ったらなんとなく続いているだけになっている」「皆が『やらされ感』を感じながら『ただ回しているだけ』の制度になってしまっている」――このように、いわゆる「形骸化」している人事評価制度が、世の中になんと多いことか。

実はいままで、私も何度もこのような「形骸化」の失敗をしてきました。15年ほど（2022年時点）この人事評価制度の仕事に携わっていますが、作成・導入はしたものの、数年経ってからそこの社長などに聞いてみると「いや、実はあまり使っていないんだよね」という回答。「大事だとは思っているけど、業務で忙しくて」とか「一応、毎年やっているけど、給与は評価とあまり関係なく決めている」とか「実はちょうどやめようかと思っていたんだ」などと、言われるのです。

このような言葉を聞くとショックではありますが、これは私が制度をつくったままにして、「運用」について特になにも工夫をしてこなかったから、という結果なのです。それに気づいてからは、この「運用」を重視した評価制度について、取り組んできました。

弊社独自の人事制度である「**Ａ４一枚評価制度®**」「**Ａ４一枚賃金制度**」「**評価をしない評価制度®**」（すべてアニモ出版より書籍も発売中）などは、まさしくこの「形骸化」を防ぐために、制度自体はＡ４一枚のシンプルなものにして、「運用」しやすく継続できることを第一にした制度です。シンプルなツールで、使いこなして効果を発揮するためのものなのです。

もちろん、上記のような徹底したシンプルな制度でなくても、貴社で導入している「評価制度」の運用をよりよくし、効果を出していくことは可能です。そのノウハウをこの本で解説しています。

また、評価制度の「運用」のなかにある「評価者研修」についても、**「期初の目標設定」「期中のマネジメント」「期末の評価実施」の３つの研修**をそのまま実施できるように、研修資料とともにマニュアルを公開しました。一般的には行なわれていない手法も、たくさんご紹介しています。

つまり本書は、**「貴社の評価制度を生き返らせる」**ための、**すべての手法を詰め込んだ「パーフェクトガイド」**です。

ぜひ最後までお読みいただき、貴社の評価制度の運用にお役立ていただければ幸いです。

2022年10月　　　　　　榎本　あつし

評価制度の運用・研修 パーフェクトガイド

もくじ

2章 【期初】に行なう目標設定とコミットメント

3章 【期中】に行なうマネジメントとコミュニケーション

4章 【期末】に行なう評価の実施のしかた

5章 一次評価からフィードバック面談までのすすめ方

6章 中小企業のための評価の反映のしかた

7章 【期初】【期中】【期末】の研修内容と実施方法

8章 年間スケジュールの設定とその他の運用ポイント

カバーデザイン◎水野敬一　　本文ＤＴＰ＆図版＆イラスト◎伊藤加寿美（一企画）

1章

人事評価制度の「運用」とはどういうことか

1-1

人事評価制度の「運用」とは

「運用がうまくいく」とはどういうこと？

「人事評価制度は運用が大事だよ」

よく聞かれる言葉です。そして、これに反対、異存があるという方はほとんどいないと思います。評価制度はつくっただけではダメで、やはりしっかりと運用をしていかないと意味がないものであることは間違いありません。

ただ、この「運用」という言葉は、使いやすいだけによく聞きますが、実際には抽象的で、具体的に何をどうすれば「運用」がうまくいくのか。もっといえば、「運用がうまくいっている」とはどういうことか。具体的には、何がどのような状態になっていれば「うまくいっている」といえるのか。案外これがつかめていないケースが多いような気がします。ちょっと考えてみましょう。

Q 「運用がうまくいく」とは具体的にどうなっていること？

実は、この本の後半に掲載している「評価者研修」を実施する際に、このような質問・ワークを実施することが多くあります。

さて、上記の質問に対して、パッとどのような回答が思い浮かびましたでしょうか？

たとえば「運用がうまくいっている」とは、

- 皆から不平不満があまりあがってこない？
- 業務で忙しい人でも負担感なく評価ができている？
- 余裕のある日程で全員が締め切りをちゃんと守れている？

このようなことでしょうか。

「目的」に近づいているか

いえ、そうではないのです。

これらの回答は、「回すこと」がうまくいっているだけになっている可能性があります。いわゆる「手段が目的化」している状態です。

そうではなく、**「運用がうまくいっている」とは「目的に近づいている」こと**なのです。

その企業が評価制度という「ツール」「手段」を何のために導入しているのか、そして「運用」することによって、本当にその目的がかなうのか、そこに向かってちゃんと進んでいるのか。それが「運用がうまくいっている」ことなのではないでしょうか。

もちろん、その目的に近づくためには、ちゃんと滞りなく回すこと（手段）は大事です。

ただし、実際に運用がうまくいっていない評価制度を見てみると、前記回答のように、不平不満が出ないようにすることや、負担が大きいという苦情が出ないようにすること自体が目的になってしまい、その結果、やってはいるけれど効果が出ない、いわゆる「形骸化した評価制度」になっているケースが本当に多いのです。

この本は、「運用」に専門特化した、いままでにない本です。そして、この本を出す一番の目的は、ちゃんと効果のある評価制度にしていこう、というものです。

したがって、もしこの本に期待していることが、できるだけ負担なく簡易な運用であるとしたら、そのご期待にはそえないかもしれません。

しかし、評価を行なっただけの効果とそれを社員が実感できる運用をめざすのであれば、間違いなく役に立つ情報を提供できると思っています。

1-2 なぜ人事評価制度は形骸化してしまうのか

「形骸化」とはどういう状態か

評価制度の運用の改善やサポート業務についてはたくさんのご相談をいただきますが、企業が何に悩んでいるかというと、いわゆる「**形骸化**」です。「形骸化」とは、辞書で調べてみると「実質的な意味を失い、中身のない形式だけが残ること」となっています。

まさしく「ただやっているだけ」という状態でしょうか。つまり、評価制度を導入したのはいいけれど、中身がなく形式だけになっている、というような悩みであり、このような状態に陥ってしまっているケースが非常に多いと感じています。

なぜ、こうなってしまうのでしょうか。管理職や社員にやる気がないからでしょうか。それとも社長のやる気がなくなっているからでしょうか。

たしかに、それは間違いないかもしれませんが、それを原因にしていても思考停止になって改善にはつながりません。そこで、もう少し構造的に考えてみましょう。

きちんと運用してもその場では何も変わらない？

人事評価制度の運用は、年間の目標への取り組みや、スキルの向上、部下の育成などが重要な中身の部分です。

具体的には、「**目標をつくる**」「**評価項目の向上に取り組む**」「**部下を育成する**」「**面談をする**」「**評価をする**」などを行なっていくことが運用の内容です（これらは社員側で行なうことです。その他、分析や集計などもありますが、これは別として考えます）。

これらの「すること」を実行することで、何かが変わるかというと、残念ながら、その場では何も変わりません。

目標をつくった、難しい仕事に取り組んだ、部下を育成した、面談をした――それらは、少し先の将来によい結果が出てくることです。長期的に継続することで結果につながるような取り組みが、評価制度の運用ではほとんどなのです。

つまり、「いまやらなくても困らない」という、緊急性が非常に低いことを行なっていくのが、評価制度を運用する、ということなのです。

それに比べて、日々の仕事はどうでしょうか。

今日中に書類を提出しなければならない、お昼までに連絡が必要、明日の急なアポイントを取る、いま電話でクレームが来たのですぐに対応が必要等々、毎日、緊急性の高い仕事をなんとかこなすことで精いっぱいだったりします。

「これらの仕事が終わったら…」と、前述のような評価制度の運用に取り組もうとしても、おそらくまた新しい緊急度の高い仕事が発生して、目標設定の取り組みや、部下の育成、新しい仕事へのチャレンジなどは、後回しになってしまうでしょう。

その結果、評価制度については、期日が決まっている「シートの提出」や「評価の実施」などは行ないますが、中身のない状態で形式的にやっている＝「形骸化」になってしまうのです。

ですから、やる気がないから評価制度の運用をやらない、というわけではなく、日々の仕事を苦労してこなしているうちに、どうしても後回しになってしまうことの代表的なものが「評価制度の運用」であり、その中身への取り組みであるのです。

評価制度の重要度・緊急度は？

次ページの図は、「重要度・緊急度のマトリクス」です。仕事の優先順位をつけるときなどに用いられます。

図の第一象限（エリア）は、重要度も緊急度も高いため、放っておいても皆、ここは先にやります。

一方で、「評価制度の運用」として行なう「年間目標への取り組み」

◎仕事などの「重要度・緊急度マトリクス」◎

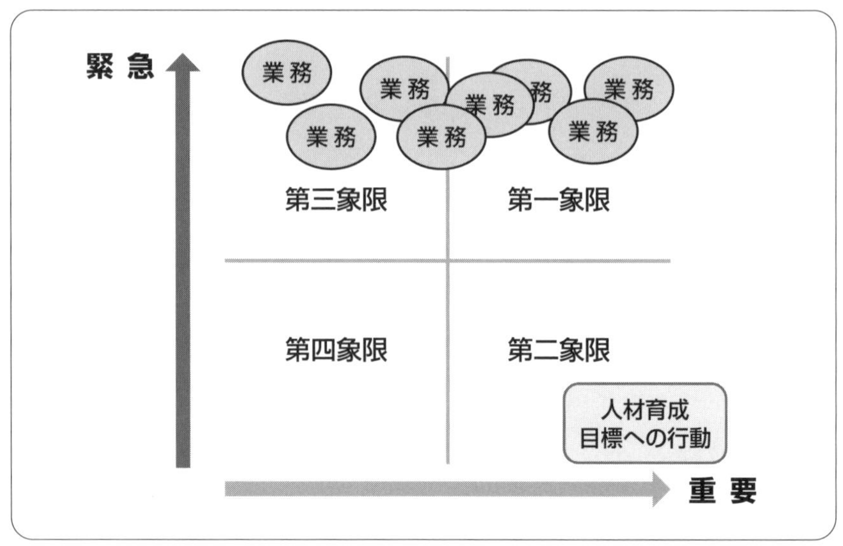

や「スキル向上」「部下育成」などはいかがでしょうか。

これらは、誰に聞いてもほぼ「重要だよ」と言います。では、「やっていますか？」と聞くと、「ふだんの仕事で忙しくて…」となります。

評価制度の運用は、重要度は高くても圧倒的に緊急度が低いのです。図の上のほうに位置する「緊急度の高い業務」が終わってから、目標設定に取り組もう、スキル向上のために新しい練習をしよう、部下に教えよう、と考えていても、一つの仕事が終わればまた新しい緊急度の高い仕事がふりかかってきます。気づいたら期末です。

これを繰り返していると、評価制度は「形骸化」へまっしぐらです。誰が悪いわけでもない、そのような構造になっているのが評価制度の運用というわけなのです。

「目的」を見失っている

もう一つ、評価制度が形骸化してしまう大きな原因があります。それは、皆が目的を見失っている、というものです。

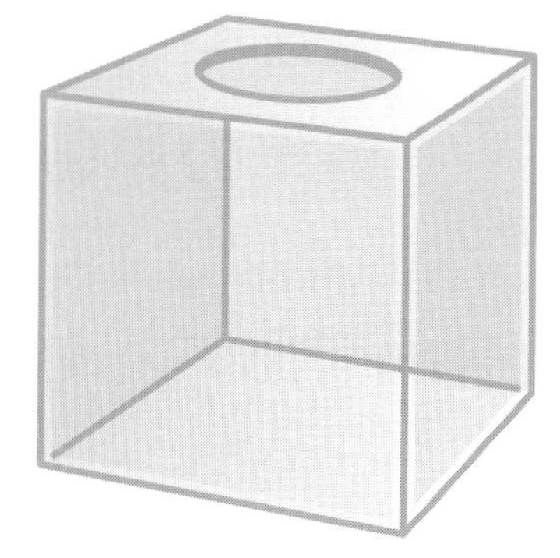

人は目的が明確かどうかで、行動するかどうかが大きく変わってきます。たとえば、あなたの目の前に透明なアクリル板でできている正方形の箱があります。上のふた部分は丸くくりぬかれています。

いまから私が「財布を取り出してできるだけその箱にお金を入れてください」と指示をしたら、きっと「こいつは何を言っているんだ」と怪訝に思うことでしょう。お金を出すという行動には至らないと思います。

しかし、たとえばその箱に次のような案内が掲げられていたら、どうでしょうか。

「先日の○○地区の災害に遭われた方への義援金として、寄付を募っています」

「地域で保護猫活動の支援をしています。餌代や避妊手術代の寄付をお願いできませんでしょうか」

すると、この「目的」を理解し、それに賛同する人は前述の透明な箱に、財布からお金を取り出して入れるという行動をします。

財布からお金を取り出して箱の中に入れる、という行動は案内があろうがなかろうが同じ行動です。そこに難易度という差はありません。「目的」がわかると、人は行動するのです。難しいからやらない、簡単だからやる、ではないということです。

目的がわからずに指示されるだけでは、人は動きませんし、それを無理やり強制すると「やらされ感」満載となります。

ただやっているだけだと、これも大きな形骸化の要素となり、さらに不満も蓄積してくるでしょう。多くの企業の評価制度の運用が、このような状態に陥ってしまっているのです。

1-3 評価制度は毎年の見直しで業績が上がる

評価項目はずっと同じでもいい？

「うちの評価制度はよいもので完成度が高く、もう10年も同じ評価項目を使っていても不満は出ていないよ」

このような話を聞いて、違和感があると感じましたでしょうか。評価項目には、その人に求める目標、スキルなどが入っています。10年前といま現在とで、仕事に関するこれらの目標、スキルなどはまったく同じでもいいのでしょうか。

いまの世の中の流れはとても速いです。以前に必要とされたスキルは、いまはもうあまり通用しなくなり、代わって求められるものが出てきたりしています。

たとえば、営業の仕事などであれば、10年前にはたくさん訪問する行動力だったり、身だしなみや清潔さなどの印象が大事、いかに相手と何度も接触することなどのスキルや行動が求められていたかもしれません。

しかし、これがオンラインでの打ち合わせなどが主流になってきた現在、ＰＣを使っての提案力だったり、より短い時間でのオンライン上のプレゼンテーションなどが営業に求められるスキルとして変わってきています。

間接部門などのバックオフィスにしても、従来は紙の書類の処理の正確さやスピードだったり、エクセルなどのオフィス系のソフトの知識や技術が重要だったりしていたのが、いまでは新しいクラウド系のアプリのスキルであったり、遠方の事業所などとのコミュニケーションツールやシステムの使いこなしに変わってきています。

関連する法律も大きく変わってきているので、それらに対応するスキルも求められます。

評価項目を変えないのに評価点は同じ？

また、人は成長します。

評価項目としてあげられている項目に毎年取り組んでいるのならば、その項目の評価は年々高くなっていくはずです。

「10年同じ評価項目をずっと使っているのなら、社員の評価は毎年高い点に徐々に上がっていっているのですか？」と聞くと、「いえ、毎年だいたい同じ水準で適正に評価できています」との回答。でも、やはりここにも問題、矛盾がありそうです。

評価項目としてあげているものは、それをできるようになってほしい、レベルを上げていってほしいという期待項目です。

そこでよい評価になるように取り組んでいれば、本来は全体としても評価点が高くなっていくはずです。それなのに、同じ評価項目でやっていて、毎年同じような水準の評価点になっている…。もしかしたら、何かしらの調整がされているのかもしれません（点数の相対化を制度として行なっている場合は別です）。

◎人事評価制度の見直し状況別に見た売上高増加率（中央値）◎

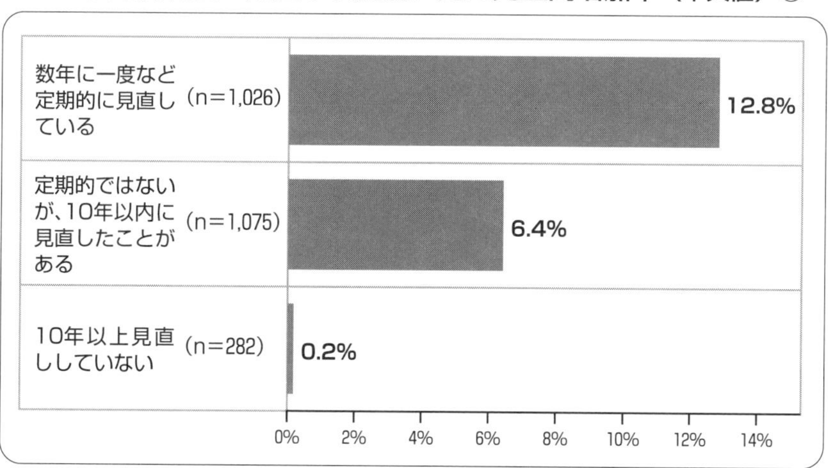

出所：（株）帝国データバンク「中小企業の経営力及び組織に関する調査」
（注）1．人事評価制度の有無について、「ある」と回答した者に対する質問。
　　2．売上高増加率は2015年と2020年を比較したものである。

このように、時代に求められるもの、社員が成長する、という２つの要素から考えると、本来であれば評価項目もこれらに合わせて変わっていかなければいけないのです。

前ページの図は、中小企業庁が2022年に出した「中小企業白書」に掲載されていた資料です。

人事評価制度を「10年以上見直していない」ところに比べて、見直しを行なっている企業のほうが、業績が伸びているという結果が出ています。

人事評価制度は、ちゃんとその目的につながっているのです。

このデータでは、評価項目だけではなくその他の見直しも入っていると思いますが、やはり人事評価制度を見直している場合と、そうでない場合とでは明らかに違いが出てきます。

前述したように、人事評価制度のブラッシュアップ、とりわけ評価項目がいまの時代に即しているか、人の成長に合わせてよりレベルアップしていく項目に変わっているかを、毎年実施する重要なイベントごととして、必ず行なっていただきたいのです。

見直した結果、今年は前年と引き続き同じでいこう、となるのであれば、もちろんそれはＯＫです。

残念なのは、「評価項目を変えたら、評価点も変わってしまい、今年昇格した人は不利だ、不公平感が出る」というような声を恐れて変えないままでいることが、結構多くあることです。

これもやはり評価制度の「形骸化」に陥る要素なのです。

1-4 評価スケジュールは劇的に短縮できる

最終評価の確定が数か月先になる？

もしかしたら、ここがこの本のなかで一番伝えたいことで、ぜひ実行してほしい部分になるかもしれません。

最終評価にとても時間がかかっている企業、組織があります。

たとえば、事業年度が４月～３月の場合、下半期（10月～３月）の評価が、なんだかんだで遅くなり、結局、最終評価が確定するのがゴールデンウィーク明けになってしまう。そしてそこから面談をして伝えるので、２か月ぐらい前の結果を本人にフィードバックすることになり、すでに次の年度が６分の１ぐらい進んでしまっているというような状態です。

さらに、最終評価の確定が遅いので、そこから給与の改定や昇格、異動に反映させようと思ったら、６月・７月に実施することになってしまう。それだとまずいので、評価結果が出る前になんとなく異動させているとか、６月分の給与に４月からの差額分を遡って反映させるとか、苦肉の策で対応している場合があります。

この「最終評価の確定に時間がかかる」状態を、大げさではなく劇的に改善させる方法があります。

また、時間だけではなく、評価基準のバラつきの回避や、評価する側・される側の負担感もできるだけ取りのぞける画期的な運用手法があるのです。

「期日型」から「その場型」へ

一般的に期末が来たら、次のような感じで評価制度を進めることが多いのではないでしょうか。

①本人評価を○月○日まで一次評価者に提出
②一次評価者は△月△日までに評価を実施して、本人と面談後、二次評価者へ
③二次評価者は□月□までに評価を修正して人事部へ

皆忙しいからといって、上記のそれぞれに２週間ぐらい時間を取って「期日」を設けたら、それだけで６週間ほどかかってしまいます。

そして、この「期日型」の場合、余裕をもって長く期日を設定しても、残念ながら多くの人が、期日ギリギリに慌てて作業して、何とか間に合わせる、というような評価をしてしまったりするのです。その結果、評価の研修で教わったはずの「エラーのない評価」や評価することの目的（頑張ったこと、成長したことの承認・まだできていないことの課題認識）などの大事なことが抜け落ちてしまい、自分なりの感覚による評価、他の社員との調整をしながらの評価をしてしまうのです。

さらに「期日型」は、ふだんの仕事を抱えながら、いつまでに評価をしなくてはいけない、というプレッシャーにさらされる期間が長く、「評価をすることは苦痛だ」という感覚に陥ったりします。

そこでおススメなのは、「期日型」ではなく「その場型」への移行です。「その場型」とは、

４月１日は「評価の日」です。９時～12時までに全員で評価を実施します。

というように、あらかじめ年間スケジュールのなかで、「その場」で評価を実施する日を決めておき、この日は会社の重要イベントとして、皆で取り組むのです（もちろん、どうしても営業が止められない場合などはグループ分けして複数開催することでもＯＫです）。

そして、この評価実施の前に10分〜15分ほど時間を取り、評価で大事なポイントや研修の内容の読み合わせをします。大事なポイントが頭にある状態にして、評価基準なども皆で読み合わせをして、この時間枠のなかで集中して評価を実施してもらいます。また、期中のコミュニケーションツールであるサポートシート（70ページで詳述）などをその場に用意して取り組んでもらうと、グンと評価の精度があがってきます。

さらに、この日に集中して評価をすればいいとなると、忙しい人であればあるほど、いつまでに評価をしなければ、と抱え込まずにふだんの仕事にまい進できるので、負担感も減ってくるのです。さらにさらに、圧倒的に期間が短縮できるようになります。

その場型の評価スケジュールのモデル例は次のとおりです。

①４月１日…評価実施の日

本人評価・一次評価をそれぞれ別々に実施します。

②４月３日…評価の分析・二次評価の実施
（部長は必ず予定確保）

4/1にあがってくる評価について人事が分析資料を作成し、甘い・辛いの分布をみて、二次評価を実施してください。

③４月５日…二次評価者と一次評価者のすり合わせ日
（評価者と部長は必ず予定確保）

修正の必要があれば、一次評価者と話し合って修正を実施し、人事にあげてください。

④４月７日…最終評価確定（社長は必ず予定を確保）

4/6までに二次評価が出そろうので、社長はこの日に最終評価を確定させてください。

⑤４月９日〜４月15日…フィードバック面談

本人と一次評価者でフィードバック面談を実施してください。

このように、面談まで半月で終わらせることも決して不可能ではありません。最終評価は4/7には確定しますので、これを４月の給与や昇格などに反映させることもできるようになります。「その場型」のメリットをまとめると、次のとおりです。

「その場型」のメリット

①評価確定までの期間が大幅に短縮できる
②その場で集中して取り組むため負担感が減る
③評価で大事なポイントをその場で確認してから実施するので評価の精度が高まる
④年間のイベントとして設定することで、評価制度が重要だというメッセージになる
⑤結果がすぐにフィードバックできるので、承認による動機づけ、課題認識が伝わりやすく、すぐに次期に向かうことができる

本人評価と一次評価は同時に別々に実施する

前ページのスケジュール例のもう一つのポイントは、「**本人評価と一次評価は同時に別々に実施**」です。

評価シートを別々に記入、入力できるようにする工夫が必要となりますが、これを取り入れることで、一般的に多く見られる「本人評価を見て一次評価をする」ことで起こりやすい問題を回避することができ、次のようなメリットをもたらすことができます。

本人評価と一次評価を別々に行なうメリット

①本人評価に引っ張られなくなる
②上司が真剣に評価するようになる
③上司ほど評価スキルがない本人（被評価者）のバラツキを防ぐ
④評価をする目的を見失わない（調整や処遇のためを防ぐ）
⑤時間を短縮できる

①の本人評価に引っ張られることは、上司の評価で非常に多くあるエラーです。そうならないように、との教育は受けていますが、そうはいっても本人がつけてきた評価がまず基準になってしまい、そこまで達していないとは思いつつも、一段階ぐらいしか下げられず、結果として本人評価に影響を受けた評価になりがちです。

これを別々に行なうことで、②にあるようにふだんから真剣に部下を観察するようになり、もしかしたらいままでは無意識に「本人の評価が出てきてから考えよう」となっていたかもしれない評価への取り組みが変わってくるでしょう。お互いに別々に評価をして、どこが異なるのかを話し合うことのほうが、よほど有益なのではないでしょうか。

③や④は、本人はどうしても評価者ほど客観的な評価ではなく、自分にとって得となるような評価をしがちになります。また、適正な評価のための研修なども評価者ほどには受けていません。その本人が行なう自己評価に引っ張られてしまうと、適正とはいえなくなります。これを回避することができるのです。

そして⑤の時間短縮。これは大きなメリットです。

「期日型からその場型へ」「本人評価と一次評価は同時に別々に実施」という２つの運用のしくみは、おおげさではなく、運用を大きく変えるメリットのあるものだと思っています。ぜひ、試してみてください。

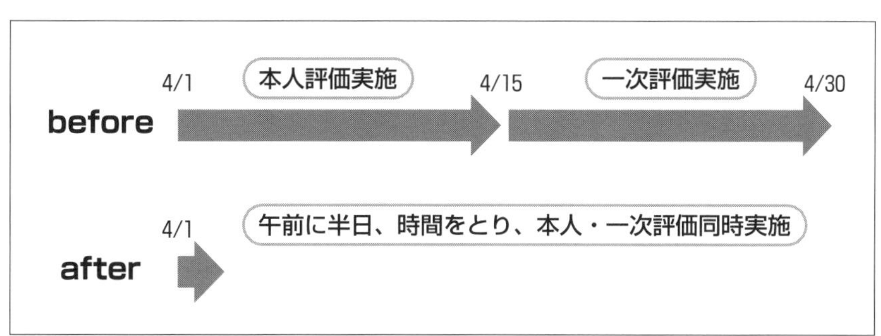

1-5

社長が止まると制度も止まる

社長の関心がなくなった？

人事評価制度が形骸化する理由の大きなものに「社長の関心がなくなってしまった」ということが、現実的にあります。

評価制度を作成・構築するときは、かなり力を入れて取り組むのですが、運用が始まると、他の仕事で忙しいこともあり、だんだんと関心が薄れて…。

もともと「評価制度」は、すぐに結果が出るものではなく、中長期的に効果が出るものです。このような性質のものは、どうしても後回しになりがちで、なかなか継続して取り組むことの難しいものです。16ページの図に示したように緊急度の低い取り組みです。

たとえば、下の図をみてみましょう。毎日の仕事で忙しい部下が、少し先である年間の目標や自己成長に向けて取り組むことはなかなか難しく、そこには上司のマネジメントが必要になります。

◎社長は上司を、上司は部下をマネジメントする◎

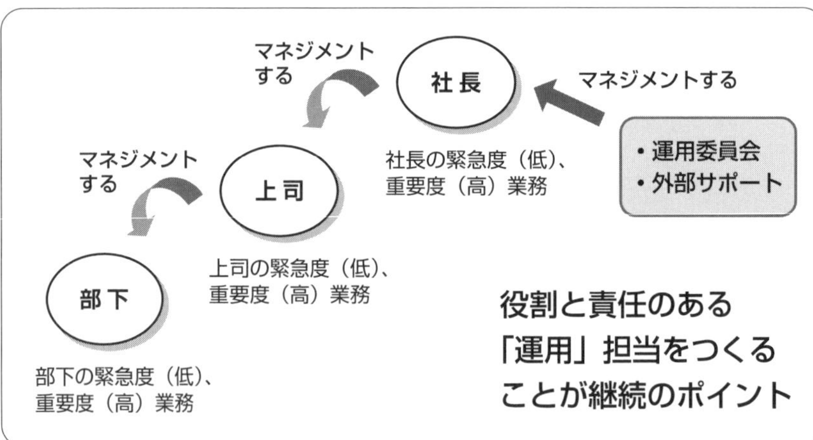

トレーニングジムにコーチがいるように、資格の学校に先生がいるように、自分一人だとどうしても後回しになりがちなこれらの「緊急度が低く、重要なこと」には、上司というマネジメントをしてくれる人がいることで、なんとか取り組めるようになります。

ところが、その部下のマネジメントをする上司は大抵もっと忙しい人なのです。部下に教えよう、面談をしよう、というような「緊急度（低）・重要度（高）」のことは、さらにまた誰かがマネジメントしないとなかなか取り組めないのです。

そこに社長がいて、社長がしっかりとその上司に「ちゃんと部下のマネジメントをやっているか」などと、さらにマネジメントしてあげることで、上司もしっかりと部下を見ることができるのです。

しかし、社長はおそらく上司よりもっと忙しい人です。この社長が止まってしまって、やらなくなってしまう…、という図式が成り立ってしまうことが多いのです。

マネジメントの担当者、委員会をつくろう

そこで、社長も含めてこの全体をマネジメントする「担当者」や「委員会」をつくることをお勧めします。年間のスケジュールを決めたり、いつまでに○○を実施してください、というように指示・手配をする役割と責任をもった「運用委員会」などがあることで、全体のこの構成が機能するようになるのです。

この担当者には、役割・責任を与えるとともに、しっかり回したことを成果として、ちゃんと評価してあげることも大切です。弊社では、このようなサポート業務を外部機関として契約して実施しています。報酬をもらううえでの仕事ですから、優先順位を下げずに回していくことができます。

「社長が飽きてしまった」「上司の意識が低い」ということを理由にしても、思考停止に陥るだけで制度の改善にはつながりません。

ぜひ、このような「運用が継続する」しくみをつくりましょう。

1-6 1年間のスケジュールを決めよう

日付、時間まで決めておく

運用を継続させるためには、「1年間分の日付をすべて決める」ということが大切です。前述してきたように、どうしても評価制度の運用にかかわることは優先順位が低く、後回しになりがちです。

評価者ミーティングはいつにするか、面談を行なうから空いている日はあるか、などとその場その場で決めようとすると、皆、業務予定が入っているといい、なかなか合わないままどんどん先延ばしになります。遅延すればするほど、フィードバックの効果も薄れていくでしょう。下手したら「今年は私は忙しくてできないから、自分でみておいて」という部長などが出てくるかもしれません。

このようなことを避けるためにお勧めなのは、期初に「1年間の日付を決める」ということです。事業計画の発表日や、入社式や社員旅行などのイベントの日付を決めるのと同じように、評価制度の運用を重要イベントとして、○月○日は評価実施の日、△月△日は評価者ミーティングの日、□月□日はフィードバック面談の日、というように、あらかじめ1年間の日付をすべて確定させておきます。

そして、これは会社の最重要イベントということで、その日には予定は入れずに最優先にしておく、と決めて通知をしましょう。

通常業務を優先させて、評価制度に関することは二の次、となっていくと、どんどんやらなくなってしまいます。毎年、スケジュールを明確に決め、最重要イベントとして会社が発信することで、皆にも大事な取り組みという認識が浸透していきます。

社員総会や事業計画発表会など、全社員が集まるようなイベントを実施しているのであれば、そのタイミングに合わせて、年間の評価制度スケジュールを作成し、日付を発表するとよいでしょう。

◎「評価制度イベントの年間スケジュール」のサンプル◎ 【資料01】

【○○年度】	
4月1日9時	年間の会社目標・組織目標発表
4月2日	下期評価実施の日（午前：○○部、△△部／午後□□部、◇◇部）
4月4日13時	評価者ミーティング（一次評価者出席：部署ごと）
4月8日13時	二次評価実施（部長出席）
4月9日～10日	二次評価者～一次評価者へのフィードバック面談
4月12日13時	最終評価確定（社長・役員出席）
4月15日～19日	一次評価者～本人へのフィードバック面談
4月22日	目標設定の日（午前：○○部、△△部／午後□□部、◇◇部）
4月23日～4月30日	目標の添削・修正・確定
5月1日～（9月末）	上期目標達成・スキル向上への取り組みスタート
毎月15日・末日	サポートシート提出
7月5日	期中の状況共有ミーティング（一次評価者出席：部署ごと）
10月1日	上期評価実施の日（午前：○○部、△△部／午後□□部、◇◇部）
10月2日13時	評価者ミーティング（一次評価者出席：部署ごと）
10月5日13時	二次評価実施（部長出席）
10月8日～9日	二次評価者～一次評価者へのフィードバック面談
10月11日13時	最終評価確定（社長・役員出席）
10月14日～18日	一次評価者～本人へのフィードバック面談（目標の修正実施）
10月21日～（3月末）	下期目標達成・スキル向上への取り組みスタート
毎月15日・末日	サポートシート提出
12月5日	期中の状況共有ミーティング（一次評価者出席：部署ごと）
【○○年度】	
4月2日9時	年間の会社目標・組織目標発表
4月4日	下期評価実施の日（午前：○○部、△△部／午後□□部、◇◇部）
4月5日13時	評価者ミーティング（一次評価者出席：部署ごと）
4月9日13時	二次評価実施（部長出席）
4月10日～11日	二次評価者～一次評価者へのフィードバック面談
4月13日13時	最終評価確定（社長・役員出席）
4月16日～20日	一次評価者～本人へのフィードバック面談
4月23日	目標設定の日(午前：○○部、△△部／午後□□部、◇◇部)
4月24日～4月30日	目標の添削・修正・確定
5月1日～（9月末）	上期目標達成・スキル向上への取り組みスタート
毎月15日・末日	サポートシート提出

※評価実施の日、目標設定実施の日は実施前の15分、研修振り返りを行ないます。

1-7 運用のパワーバランスを考えよう

期初、期中、期末のどこに力を入れるか

前ページの年間スケジュールにあるように、実は評価制度は、評価の時期だけの「点の作業」ではなく、年間を通しての「線の作業」です。そして運用がうまくできていない企業・組織の特徴として、最後の評価のときにだけ皆が一生懸命取り組み、期初と期中はほとんど適当、というパターンが多かったりします。

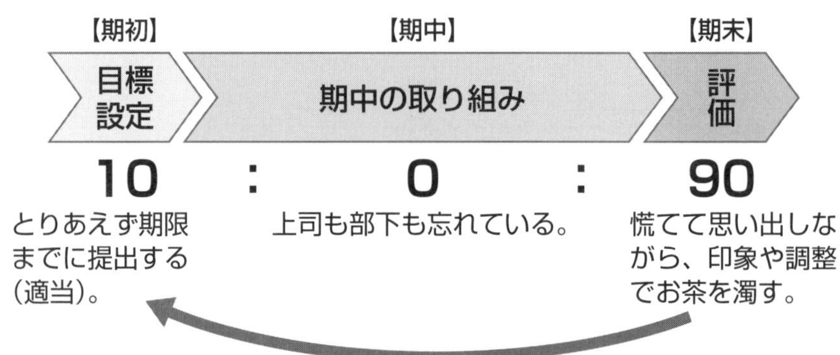

「10：0：90」というのは、合計を100％としてどこに力を入れているかを表わしています。評価のときだけ90％ぐらい力を入れて頑張ってやっているイメージでしょうか。

期初の目標設定は、とりあえず期日までに「やっつけ」で提出、その後は忘れていて半年経過、そろそろ評価の時期だと人事から連絡があり慌ててシートを見る。そこで「ああこれが目標だった」「しまった。このスキルを伸ばさないといけなかった」と思い出し、さてどうやってうまくまとめようか…ということを、本人も上司も、もしかしたら部長も社長もやっているかもしれません。

どうしたら賞与が増えるような評価点になるかとか、突っ込まれないためにはどうしようかとか、社長にうなずいてもらうにはこれくらいがよいかなど、誰一人としてまともに評価などしないで、皆で調整している一大作業が評価制度になっているのが現実では？

「ふだん見ていない上司からこんな点を付けられても…」「なんだ、頑張るっていったのに、全然やらなかったじゃないか、うちの部下は」など、お互いが嫌な感じになり、ストレスがたまり、負担感を抱えながら、評価制度を行なっている、という状態です。

程度の差はあれ、もしかしたら多くの企業がこんな運用をしているのかもしれません。半年後に目標に気づいたり、伸ばさなくてはいけないスキルを思い出しても、もう時すでに遅し。半年経過してしまっています。「査定」はできるかもしれませんが、人材育成や業績向上などの成果にはつながっていきません。毎年これを繰り返していても評価制度の効果は出ず、やらされ感だけがついて回ります。これを下記のような運用のバランスに変えます。

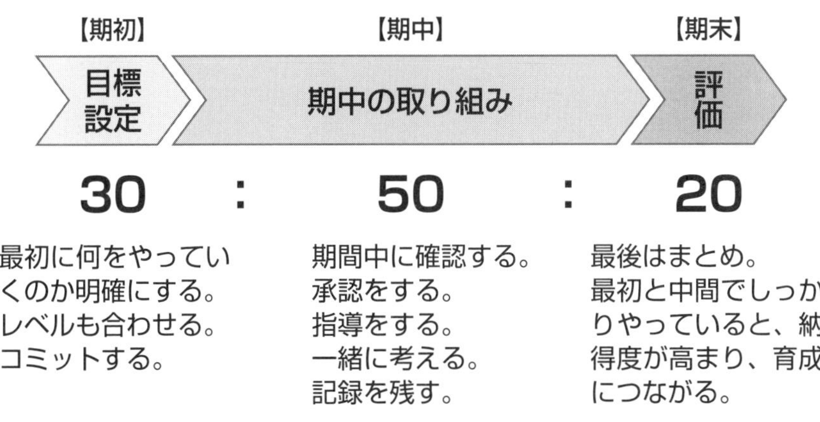

このように期初と期中に力を入れて取り組むバランスに変えることで、評価制度がその目的につながるようにしっかりと機能します。２章以降では、期初、期中、期末それぞれの時期に行なうことを詳しく解説していきます。

「時間がない」は「優先順位が低い」

「業務で忙しいのでやっていません」「取り組む時間がありません」と、管理者や社員から言われることがとても多くあります。評価制度の運用をサポートするなかで、「面談や振り返りの時間を取ってください」とお願いするとこのような言葉が返ってくるのです。

もちろん、ふだんの仕事で忙しいのは重々承知していて、だからこそ、このような時間を取ることが、成果の実現や成長に向けて非常に大きいのです。「忙しくて斧を研ぐ暇なんてない」といって、切れない斧で苦労して生産性の低い作業をしている木こり状態です。

もし「社長が大事な話があるというから、１週間のうちどこかで必ず時間を空けてくれ」といわれたら、「業務で忙しいので時間がありません」という人はあまりいないかと思います。

つまり、**「忙しくてできない」は「優先順位が低い」**といっていることなのです。

評価制度を運用するということは、本来忙しいからこそ、生産性が低いままではなく、組織全体でこれを向上させていくために行なっていることなのです。

ところが評価については、なぜか自身の業務だという認識が薄く、ふだんの業務とは外のところで会社がなんとなくやっていること、と、とても他人事のようになっていたりします。これをいかに自分事として、通常業務よりも大事な「優先順位の高い業務」としていくことができるかが、評価制度の運用がうまくいくかどうかの重要ポイントです。

１章の本文で説明したように、年間スケジュールを立てて、他の業務にもまして、非常に大事な取り組みだと会社がメッセージを送るなどしていく必要があるのです。会社の全員が、とても大事な「優先順位の高い」業務として取り組むようになると、間違いなく評価制度の効果が出てくることでしょう。

2章

【期初】に行なう
目標設定とコミットメント

2-1 【期初】に行なうこと

会社目標・組織目標・個人目標を設定する

ここから評価制度の運用にあたって【期初】【期中】【期末】の3つの時期に分け、それぞれ大事なポイントを解説します。2章では【期初】、3章・4章で【期中】と【期末】についてお伝えします。

また、2章から4章の内容は、7章で解説する「評価者研修」と連動しています。評価者研修では、これらの内容が研修資料となって、レジュメやワークシートなどに反映されます。

期初に行なうこと

①会社目標・組織目標から個人目標の設定をします。
②本人が自身の評価シートでそのスキルを伸ばしていくか等を考え、決めます。
③本人と上司で面談を行ない、今期は上記①と②をどうやってめざしていくかを話し合います（前期のフィードバック面談と一緒に行なうとよいでしょう）。
④コミットメント（決意・約束）して今期のスタート！

【期初】	【期中】	【期末】
目標設定	期中の取り組み	評価
30	50	20

30 : 50 : 20

評価制度の運用に携わったり、評価者研修を行なう人はぜひこの２章からお読みいただき、それぞれの時期の運用のポイントを理解・把握して、研修の実施などにもお役立てていただきたいと思っています。

ではまず、【期初】に行なうことは前ページのとおりで、その流れは下図のとおりです。

◎期初に行なうことのフローチャート◎

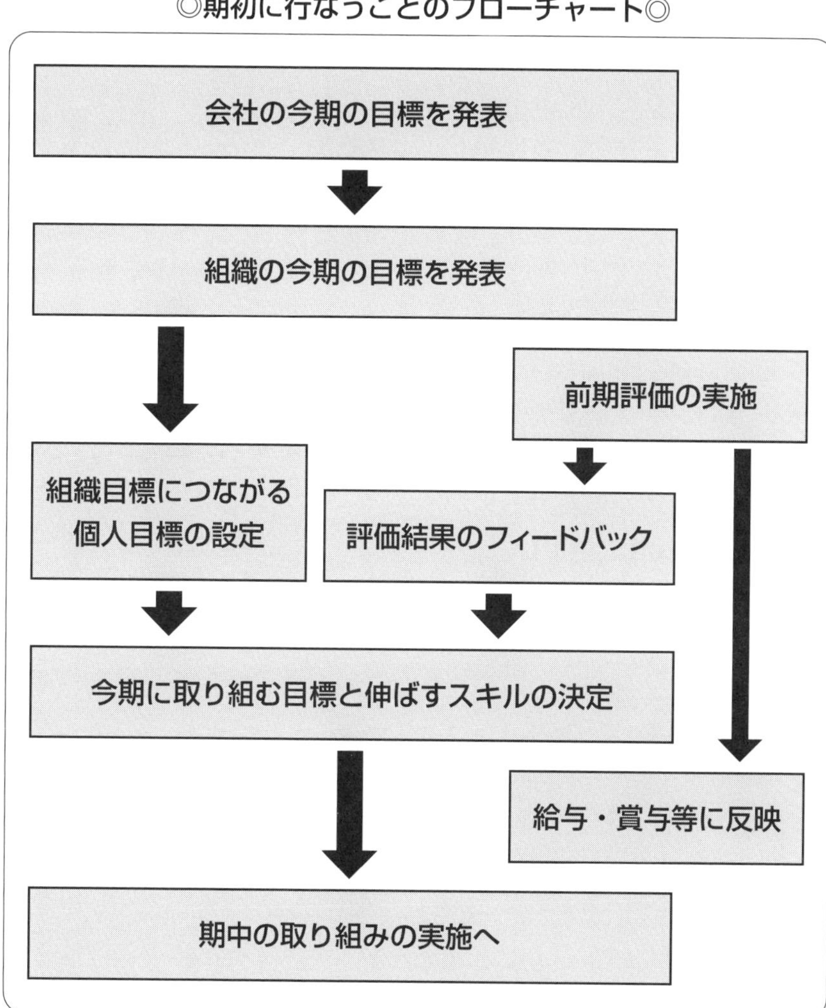

2-2 試験範囲をすべて先に示しているのが「評価制度」

「目標」は必ず設定する

期初に行なうことで一番のポイントとなるのは、なんといっても「目標設定」です。

もし、個人の目標を毎期つくらない（そのような評価項目の枠がない）ため、業務中のスキルや姿勢だけを見ていく評価制度であったとしても、自身が評価シートに記載されている評価項目を見て、どのスキルを伸ばしていこうか、苦手な項目をどのように克服していこうか、期末にはよい評価を得たいと考える「目標」を「設定」することは行ないます。

期初にこれらの目標を「適当」にしたままスタートするのではなく、今期に何をやっていくのかの目標をしっかり定め、上司と話し合い、コミットメント（決意して約束すること）を、しっかりと行なっているかどうかが、評価制度の運用がうまくいくかどうかのとても重要なポイントなのです。

【期初】【期中】【期末】に力を入れるバランスにおいて、【期初】が10％ではダメで、【期初】には全体の30％ほどの力を注ぎ、スタートの準備をするのです。

ちなみに、評価制度の研修や社員説明会などで私はよく次のように話します。

「評価制度は、どこが出題されるのかを、先に全部示している試験のようなものです」

ちょっとおおげさかもしれませんが、でもまさしく評価制度における評価は、決してあとから抜き打ちで「実はここを評価するのだけど、あなたはできていなかった」などというような後付けはしないのです（してはいけません）。

期初に明らかにしておくこと

評価シートには、期初の時点ですでに「目標はここまで達成したらＯＫ」とか「あなたの等級に求められるスキルは『リーダーシップ』『コミュニケーション力』『○○力』『△△性』…」と明確に記載されていて、さらには詳しい定義や、着眼点（具体的にどのような行動を見るのかなど）も、ちゃんと公表しています。

「期末には、これらの示している範囲ができたか、成長したかを答え合わせするから、これからの勉強期間にはしっかり頑張ろう！」という試験のようなものなのです。

私は、社員説明会では「被評価者」の立場にある人によく次のような話をします。

「自分が何を求められて、何を伸ばしていけばいいのか。会社がメッセージとして明文化して、先に伝えているのがこの評価制度なんです。だから皆さんはこれをしっかりと理解したうえで、期間中の早めに取り組むのか、あまり関心がないままスルーしているのか――それによって評価にも差がつくし、将来のキャリアにも差が出てきます。ぜひ、この会社からのメッセージを受け止めて、頑張ってください！」

これが心に響く人、響かない人はいますが、でも評価制度の大きな目的である「業績向上」「人材育成」は、まさにここからスタートするのです。

【期初】への力の入れ方は全体の10％で適当、ではなく、30％の力を入れてしっかりと期初にやることに取り組みましょう。

それは、上司も部下も、そして人事部門や経営者にとっても重要なポイントなのです。

2-3

目標設定はスキルである

目標はどのように設定したらよいか

あなたは年始の抱負や目標を、着実に達成しているでしょうか？私はまったくできません。というと、本書の説得力がなくなるので、補足すると「自分の意思の力ではまったくできません」です。

アメリカのペンシルベニア州にあるスクラントン大学の調査によると、年始に立てた抱負を実現できる人はわずか８％とのこと。つまり92％の人は途中で挫折しているのですね。

年始の目標というのは一般的に、明日すぐに結果が出るようなことではないことがほとんど。たとえば、ダイエットとか資格試験への合格とか、日々コツコツと継続して、少し先に結果が出ることを目標に掲げているからです。

日々ランニングしたり、勉強したりを続けていく必要がありますが、まさしくこれらは16ページの図の第二象限に位置すること。今日サボっても何も問題はなく、忙しい日には時間が取れないからなどといって、やらなくなるのです。「やる気」や「意識」で継続できる人は本当にわずか。たいていの人は挫折してしまいます。

これを継続するためのしくみを設定するスキル、知識や技術があるかどうかが、目標達成においては非常に重要になるのです。

「ダイエットを頑張る」「できるだけ多く貯金する」という目標の立て方では、おそらく来年も再来年も同じ目標を立てることになるでしょう。「**８月末までに体重５kg減と体脂肪率15%台が目標。そのために毎日３kmのランニングと1,800kcal以内の食事にして、体重・体組成を計測してグラフ化。それをブログに書いてダイエット仲間にコーチしてもらう**」という目標を立てた人のほうが達成に近づくはずです。

目標設定の「スキル」を身につけよう

たとえば、「**年末までに貯金額50万円を達成。毎月単位で５万円の貯金を実行。そのために外食を月１回にして、毎日お弁当を持参する。５月までに保険と通信費の見直しを行ない、家計簿をつけて、それを毎日家族でチェックする**」という目標設定ができると、「できるだけ貯金する」人よりもお金が貯まります。

組織においても、この目標設定のスキルは非常に重要で、「売上が上がるように接客を徹底する」「新しい仕事を把握するようにする」「クレームをできるだけ減らすように体制を強化する」というような目標の立て方では、おそらく組織の成果も個人の結果も、引き上がってきません。先ほどのダイエットや貯金のように、いかに明確な達成基準とそのためにどのような行動をとるのかを具体的に設定し、それを進捗管理するしくみをつくれるかどうか、がポイントなのです。

目標が達成できる人、できない人の違いは、「やる気」や「意識」の差ではなく（多少はあるかもしれませんが）、それよりも**目標設定のやり方の知識・技術の差**によるものがとても大きいのです。

実際に私が企業で人事評価制度の運用サポートを行なう際には、導入後にこの目標設定に関する研修や、添削などの指導をすることがあります。最初はこれがなかなかうまくできていない人がほとんどです。皆、前記の３つの例のようなあいまいで、なんとなくの目標を立て、それで結局は何も行動にはつながっていない、という事態に陥ってしまっているのです。

しかし、目標設定は「スキル」です。知識と練習で慣れていくことで、誰でも間違いなくスキルが身につくようになってきます。おおげさではなく、感動するくらい変わってくるのです。

組織の全員がこの目標設定のスキルを身につけているか、いつまでも「ダイエットを頑張る」といったレベルの目標でやっているのか、ここに組織の成果は大きな差となって出てくるのです。

2-4

目標設定は【期初】が命である

あいまいな目標だと評価が分かれる

たとえば、今期の目標として、部下が次のような目標を立ててきたとします。これを見てどのように感じますか。

「部署間の情報共有を強化します」

「おお、なかなかいい目標だね。風通しのよい職場は、わが部署のめざすところでもあるから、いいんじゃないかな。頑張って！」というような感じでそのまま期中に入っていったとして、やがて期末の評価の時期になりました。さて、どのように評価するでしょうか。

「情報共有」も「強化」もとてもあいまいで、抽象的・主観的な要素の強い言葉です。以下は一例ですが、こんな感じの評価になるのではないでしょうか。実は、これがとても多いのです。

【本人評価】 A＋（上から２番目の評価）
コメント：去年よりも他部署とのコミュニケーションが増え、自分なりに強化することができました。

【一次評価】 B（下から２番目の評価）
コメント：強化するといっていたが、特に何かに取り組んだことはなかった。コミュニケーションも大きく増えたとはいえず、物足りなさが残る。

部下が考える「強化」と上司の考える「強化」。それぞれ基準も異なり、このように評価が分かれてしまうのも当然ではないでしょうか。それによって、お互いに納得せず次のような不満が生じます。

「上司はいつも見ていなかったくせに…。自分なりに強化したのに、それを評価してくれない上司の評価基準は不明瞭だ。評価する上司の基準のバラつきが大きな不満」

「部下は期初には強化するといっていたのに、まったくレベルが低い。ふだん、もっと取り組める時間はあったはずだ。強化するといっていたのにやっていないのだから、低い点をつけざるを得ない。意識の引き上げが必要だよ」

【期初】の段階で目標を明確にしておく

上記のような感じで、お互いに「相手はわかっていない」となると、関係性も悪化してしまうかもしれません。せっかくの評価制度が、不満を引き起こす要素になっています。これは、【期初】の目標設定がちゃんとできていないことからくる問題なのです。

【期末】に、お互いに納得性の高い評価をするためにも、適切な目標設定ができていなければいけません。

冒頭にあげた部下の目標の例でいうと、「情報共有」って具体的に何をどうすること？　「強化」というのは、何をどこまでやるということ？　――これらについて最初に明確にすることができれば、先ほどのように上司と部下がお互いに不満をもつことは回避できます。

逆にいうと、これは最初に（【期初】に）しかできません。

「情報共有を強化します」「よし頑張れ」で進んでしまって、いざ評価する段階になって「この目標ではわからない」となっても、すでにその目標で進んでいたのですから、期末の時点ではもうどうしようもないのです。

評価する段階で、「この目標は抽象的で明確ではないからダメだよ」と指導しても、部下は「よし頑張れ」って言ったくせにと思うので、上司としての信頼を失うだけになります。

「**目標設定は【期初】が命！**」なのです。

2-5 「SMARTチェック」と「NGワード」を知っておこう

目標設定が適切にできるようにするために、わかりやすいチェック方法が2つあります。それが「SMARTチェック」と「NGワード」です。

「SMARTチェック」とは

【S】:「Specific」………… 具体的か？
【M】:「Measurable」…… 測定できるか？
【A】:「Achievable」……. 達成可能か？
【R】:「Relative」………… 関連性はあるのか？
【T】:「Time-bound」…… 期限はあるのか？

上記のように、それぞれのチェックポイントの英語の頭文字を取ったものが「SMARTチェック」です。なかなか達成できない目標は、このSMARTチェックをクリアできるように作成しなおしてみましょう。

このSMARTチェックの内容には、いくつかバリエーションがありますが、組織の個人目標を想定して使いやすいものをご紹介すると、以下のとおりです。

【S】:「Specific」

スペシフィック、「具体的かどうか」です。前項で例示した「部署間の情報共有を強化します」という部下の目標でいうと、「情報共有」という表現ではまだまだ具体的ではないですね。

情報って何か、共有って何をすることか、が不明なので、「S」

のチェックはクリアできていないようです。「強化」も同様です。

【M】:「Measurable」

メジャラブル、「測定できるかどうか」です。「メジャー」の意ですね。

「強化」はどのように測定したらよいでしょうか。たとえば、「50回を100回にする」だったら測定できる表現に変わりますね。

【A】:「Achievable」

アチーバブル、「達成できるかどうか」です。これも「強化する」では、どこで達成できるかどうかがわからない表現です。また、程度も重要です。

たとえば、「家がほしいので3,000万円貯金をする!」は、明確な目標ではありますが、現在の貯金額が10万円だとしたら、今年の目標が3,000万円ではAchievableではありません。「今年の年末までには100万円の貯金を目標にする」など、頑張れば達成できる範囲で設定することが大事です。絶対に達成できない目標では頑張れませんし、逆に目標が簡単すぎれば成果も小さく成長もありません。

脳も筋肉もそうですが、仕事も同様に適切な負荷をかけ、それをクリアすることで成長していきます。

【R】:「Relative」

リレイティブ、「関連しているかどうか」です。設定した個人目標が、会社や組織の目標に関連しているかどうか、のチェックです。

具体的に、測れるように、頑張って達成できる目標を…というところに気をとられると、測定しやすく、自分が得意なことをやろうという方向に行ってしまい、気がつくと組織の目標とはあまり関係がないものになってしまうことがあります。これにも気をつけましょう、というチェック項目です。

【T】:「Time-bound」

最後はタイムバウンド、「期限はあるか」です。これは実際に目標設定について添削をしていると、できていない人が多くいます。「○○の練習をする」というような行動を設定しても、ここに期限を設定していなければ、いつまでも行動しないままで、気づいたら期末に…となりがちですね。

これを「6月末までに○○の練習する」とTime-boundのチェックをクリアするように設定すると、その期限に合わせて行動できるようになります。「毎月」「毎週」などもTime-boundです。緊急度をあげると、行動がしやすくなります。

「NGワード」とは

「徹底する」	「強化する」	「理解する」
「把握する」	「推進する」	「向上する」
「改善する」	「共有する」	「よくする」
「検討する」	「管理する」	「重視する」
「意識する」	「心がける」	「努力する」
「頑張る」	「めざす」	「励む」
「～しないようにする」		「～に気をつける」

上記にあげた言葉は、目標設定の際に使わないほうがよい「NGワード」です。

パッと見ると、なんとなく「あいまい」で「抽象的」な言葉が並んでいることがわかるかと思います。けっこう、使いがちの言葉ではないでしょうか。

たとえば、「新しい業務を把握します」とか「ミスがないように徹底します」などと使うことがありますが、あいまいな表現ですし、「意識する」「心がける」になると、もう具体的どころではなく、実際には何も行動していない、なんてこともあり得そうです。

ちなみに、これらの言葉は「**逃げ言葉**」とも呼ばれています。

「100件やります」だと逃げ道がなくなるので「徹底します」という表現にするのは、意図的でもなく悪意もないのでしょうが、どこかに逃げ道をつくるためにそのような言葉を使ってしまうのです。しかし実際には、このようなＮＧワードを使うと、意図的ではなくても達成への気持ちがどんどん下がってしまいます。

最初は、本当に「徹底しよう！」と皆が思っているのです。たとえば、「毎日」とか「50件を100件に」とか「90％はやろう」というようにです。

しかし、だんだんとふだんの仕事が忙しくなって、少し先の目標に対しての行動は後回しになり「あー、しまった。できていない」となってきて、「徹底」の意味は、最初は毎日やるつもりだったのが、週に数回、100件ではなく60件ぐらいに、90％が70％に…となっていくのです。

そして、明確な基準をつくっていなかったために、「自分なりには徹底できた」と、これも悪意なく「徹底」のレベルを引き下げてしまうのです。

上司から見たら「この程度では徹底とはいえない」、でも本人は「自分なりには徹底したのに、上司はわかっていない」と、ありがちなすれ違いが起きてしまうのですね。実際の成果の絶対値も引き下がっていることが多くなります。

また、もう一つ、「～しないようにする」というような受身的、否定的な言葉もＮＧワードです。この表現には、実際に行動しているかどうかを、その設定している期間が一通り終わるまでチェックできない、という問題があります。「～する」というようなポジティブアクションであれば、その瞬間にチェックができます。こちらのほうが進捗管理しやすく、行動を引き起こしやすいわけですね。

このような「ＮＧワード」は本当に氾濫している言葉です。できるだけ避けるようにして、目標を設定できるようにしましょう。

2-6 目標はゴール(ToBe)とプロセス(ToDo)をセットで設定する

「ゴール」と「プロセス」とは

「ゴール」は、スタート（期初）からどのような状態にするかという「達成基準」です。つまり､「ゴール：達成基準」は「ToBe（～になっている)」の表現にする必要があります。一方、「プロセス」は、そのゴールに向けて「すること」です。つまり、「プロセス：すること」は「ToDo（～する)」で表現します。

目標設定

ゴール（ToBe）	プロセス（ToDo）
～になっている	そのために～する

このゴールとプロセスをしっかりつくれるかどうかが、いわゆる「**目標設定のスキル**」なのです。

たとえば、「ダイエットを頑張る」はダメな表現の目標でした。38ページでこのようにつくりましょうという例を示したので、それをこのゴールとプロセスに分けて考えてみましょう。

目標：ダイエット成功

ゴール（ToBe）	プロセス（ToDo）
8月末までに体重5kg減と体脂肪率15%台	毎日3kmのランニングと1,800kcal以内の食事にして、体重・体組成を計測してグラフ化。それをブログに書いてダイエット仲間にコーチしてもらう。

そして、このように目標設定ができれば、右側のプロセスを進捗管理しやすくなります。セルフマネジメントでも自身で行動がしやすくなりますし、上司もプロセスができているかどうかを確認しやすくなります。

仕事の例でも考えてみましょう。たとえば、ある会社の組織で「顧客満足度を上げる」という目標が設定されました。ＮＧな目標の設定と適切な目標設定を比べてみましょう。

ＮＧな目標：顧客満足度向上

目標	そのためにすること
できるだけ満足度を上げる	ふだんから印象をよくするように心がける。

これだと、ＳＭＡＲＴチェックもＮＧワードもクリアできそうもありません。以下のように設定できれば適切になります。

ＯＫな目標：顧客満足度向上

目標	そのためにすること
期末に行なわれる顧客満足度調査で90％以上を達成（ToBe）	訪問したお客様に毎回手紙を書く。満足度の高いお客様を対象に６月までに調査をする。その内容を７月までにレポートにまとめ、計画を立てて実施していく。接客研修を３回実施。そのつどロールプレイで復習し、上司にチェックしてもらう。（ToDo）

「ふだんから心がける」よりは、満足度が引き上がりそうですね。また、このプロセスを本人と上司でコミュニケーションを取りながらマネジメントしていくことで、頑張りを承認したり、できていないことにアドバイスできるようになってくるのです。

「プロセス」が「ゴール」とごちゃ混ぜになっている

これも多いＮＧパターンです。次の目標を見てみましょう。

目標：残業時間の削減

目標	そのためにすること
労務管理セミナーを受講する	半年間の残業時間を合計30時間（毎月5時間）削減するために行なう。

ゴールのほうに「セミナーを受講する」という「ToDo」が入ってしまっています。右側のプロセスは、なんとなくその解説っぽくなっていて、ここに達成基準である30時間削減という「ToBe」が記載されていますね。いままでのところを読んでいただいていれば、さすがにこのようなＮＧな設定はしないだろうと思われるかもしれませんが、実際にはすごく多いパターンなのです。

大きな問題は、目標に「受講する」という「ToDo」が入っていると、「するだけ」で目標達成になってしまいます。

「私、今期は労務管理セミナーを３つも受講しました。Ｓ評価（一番よい評価）ですよね」と本人が評価してきました。残業時間は減っていません。でも、上司が期初にＯＫを出した目標だったのです。低い評価をつけたらつけたで、部下はおそらく納得しないのではないでしょうか。

「プロセス」は「ゴール」に対して必要十分かどうか

このことも、目標設定の際にできていない人が多いので気をつけたいポイントです。

たとえば、次ページの図にあげたように、残業時間を30時間削減する目標に対して、「セミナーを受講する」という１つだけしか、することが書かれていない場合などは要注意です。

目標：残業時間の削減

目標	そのためにすること
期末までに残業時間を30時間削減	労務管理のセミナーを受講する。

セミナーを受講するだけで、残業時間が減ればそんな簡単なことはありません。半年間や１年間という期間であれば、その他にもできることはたくさんあるはずです。

- 受講したセミナーからできることの計画を立てる（５月まで)
- 計画どおりに実施することを上司にチェックしてもらう。
- 業務の洗い出しを６月までに行ない、一部を部下に委譲する。
- 水曜日をノー残業デーにする。

これくらい、することを記載すれば、ＳＭＡＲＴチェックもクリアし、このプロセスを上司と部下で確認していくことで、残業時間も減少していきそうです。

目標設定の構成についてのポイントをまとめておきましょう。

①目標は「ゴール」と「プロセス」で作成する。
②ゴールは「ToBe」で、「～となっている」という状態で基準を明確に。
③プロセスは「ToDo」で、「～する」ということを記載し、ゴールに向けて必要十分な内容で。

組織の皆がこのように目標設定のスキルを身につけると、成果を出せる組織になっていくことでしょう。

2-7 連鎖性と網羅性に着目して結果にコミットする

「連鎖性」「網羅性」とは何か

もし、あなたが組織を見る立場の人であったら、この「連鎖性」と「網羅性」というところにも、ぜひ着目していきましょう。

「連鎖性」は比較的わかりやすく間違えないのですが、見落としがちなのが「網羅性」という点です。

◎目標に対する連鎖性と網羅性◎

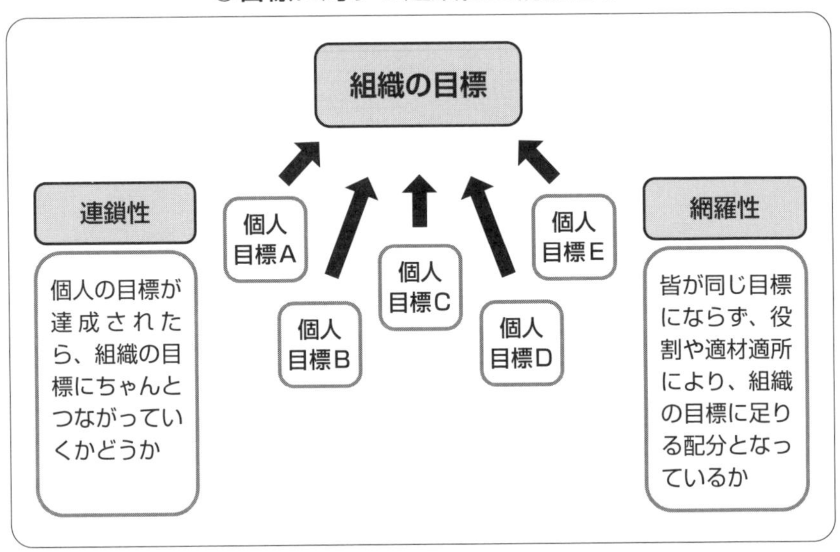

連鎖性とは、たとえば、組織の目標が「売上増」だったときに、組織の全員が「新規顧客の増加」を目標にして「訪問件数を増やす」ということを実行している、というような感じです。

たしかに、組織目標とは「連鎖性」はあります。でも、「リピーターを増やす」とか「高付加価値の商品を増やす」とか、売上を増加させる方法は他にもあるはずで、他の方法を誰も目標に設定していないと、抜け落ちが多く、「網羅できていない」状態です。

一段階、レベルが上がる話ではありますが、もし組織全体を見る立場の人であれば、個別の目標だけではなく、組織全体のなかで個別目標のバランスがとれているかどうかも見ていきましょう。

役割やスキル、適材適所などを考えて、目標に「網羅性」があるかどうか、についてもチェックしていきましょう。

結果にコミットする

「結果にコミットする」とは、どこかで聞いたような言葉ですが、これはとても大事です。

「コミット」とは、「Commitment（コミットメント）」のことで、日本語では「決意して約束する」というような意味になります。

ここまで見てきたように、目標は、成果が出るような正しいつくり方で本人が設定し、その内容の方向性や難易度、連鎖性や網羅性を上司がしっかりと見て、話し合って決定します。

ちなみに、この「結果にコミットする」は誰がするのでしょうか。本人ですか？ 上司側ですか？

正解は「両方」です。トレーニングジムのキャッチフレーズで有名な「結果にコミットする」は、ジムのコーチ側が申し込んだ利用者に対して「あなたを必ず5kg落とさせる」「腹筋をシックスパックにする」とコミットメントしているのです。もちろん、同様に利用者にもコミットしてもらいます。

正しいつくり方で目標が設定され、そしてその方向性・難易度をお互いに確認してコミットしたら、あとはこれを着実に実行していくことで成果につなげていくのです。

この着実に実行するということも、適当にやるのではなく、適切なやり方（期中のマネジメント）があります。これは次の3章で解説します。

2-8 目標設定の添削パターン

ゴールとプロセスに対して添削する

弊社では、目標設定についてよく添削業務を行ないます。赤ペンでよくできているところ、できていないところなどをチェックして戻す添削です。だいたいうまく作成できていないポイントのパターンがあるので、それをまとめた一覧を紹介しておきましょう。

上司が直接面談で話し合って直す場合もありますが、このような形で添削して戻す場合や、人事部門が添削したり、外部のコンサルタントが添削する場合もあると思いますので、いくつかの添削パターンをぜひご参考にしてみてください。

【ゴール（目標である達成基準など）に対して】

- 達成基準があいまいで抽象的なので、どこまでできたら達成といえるかの基準をつくってみましょう。
- 「○○する」は、右に書くべき“すること”になります。ここには、達成したい成果目標や状態を書きましょう。
- 組織目標につながるような目標かどうかを再度考えてみましょう。自身の役割で組織目標に貢献する目標を設定します。
- 期末にはいまの状態からどのように引き上がっているかの「ToBe(～になっている)」という状態を目標にしましょう。
- 数字的な目標でない場合でも「できるようになっている」「全員が使うほど浸透している」など、できるだけ客観的にわかる状態を書いてみましょう。
- ゼロ目標、100%目標を設定する場合は、ゼロ・100%だったらどの評価になるのか、その難易度や達成できない場合の評価もどうなるのかをしっかりと上司と決めておきましょう。
- 書き方はOKです！ あとは難易度と方向性が適切かを上司と確認しておきましょう。

【プロセス（ゴールに向けてすること、具体的な行動、計画など）に対して】

- 書き方はOKです！　あとは期日や頻度を入れると行動につながり、振り返りやすくなります。設定してみましょう。
- 左側の目標に対して、行動は必要十分かどうか。数が少ないかもしれません。もっとできることはないか考えてみましょう。
- 気持ちや意気込みを書くのではなく、実際に左の目標にたどり着くために「すること」を考え、書いてみましょう。
- 「徹底」「検討」「把握」などのNGワードがありますので、もう少し具体的に何をするのか、目に見える行動を記載しましょう。
- すること、がふだんの仕事内容になっているかもしれません。プラスアルファの行動や、高いレベルの行動を書いてみましょう。
- 箇条書きでもかまわないので、左側の目標を達成するためにできることをたくさん書いて、上司と優先順位を話し合いましょう。

以上は、ゴールとプロセスの添削のパターン例ですが、多くが上記の例を少し変えたコメントで対応できると思います。

目標設定の研修や添削は、評価制度の運用サポート業務として、弊社でもとてもたくさん実施しています。そして、前にも触れましたが、大げさではなく、一番感動するのがこの目標設定のスキル向上です。「○○ができるように頑張ります」という目標を書いてきた人が、何回か添削していくうちに、「○○が指導なく完了までできて、その説明ができる。それを上司にチェックしてもらってＯＫが出るのが目標達成基準。そのために５月まで○○をして…」とちゃんと書くことができるようになるのです。

人の慣れ、成長というのは素晴らしいと本当にこのときに感じます。組織の皆がこのようなスキルを獲得して、毎年、成果をめざせるようになると、間違いなく強い組織になります。逆にいうと、ここがずっと適当なままで、「○○ができるように頑張ります」を毎年繰り返す組織だと、大きく差をつけられることになるでしょう。

2-9

目標管理（MBO）の活用

目標管理（MBO）とは

何度か説明しているように、【期初】に会社目標・組織目標に向かって「個人目標」を設定します（これを行なっていない会社・組織の場合は参考にしてください）。

この個人目標に対して、期末にその達成度によって評価点をつけるというように、人事評価の一環として「**目標管理**」（**MBO**）を導入しているケースが多くあります。企業規模が大きいほど導入率は高いようです。

「うちの会社は『ＭＢＯ』をやっている」というように使われたりしますが、このＭＢＯをやっていると、会社でノルマがあるのか、成果主義なのか、というようにしばしば言われることがあります。

特に営業色が強い業種や職種においては、この成績が賞与や給与の額に直結するため、ＭＢＯは会社の業績を上げるためにやっているのではないかいう印象だけが強くなっていたりします。

ＭＢＯとは「Management By Objectives」の頭文字からきた言葉です。日本の人事関連の用語は、アメリカからきているものがほとんどで、そしてその多くが直訳です。

Objectivesが「目標」で、Byが「による」、そしてManagementが「管理」でしょうか。ポイントは、目標「を」管理するのではなく、目標「による」管理ということです。この言葉は、「経営の神様」と呼ばれるピーター・ドラッカー氏が1954年の著書『現代の経営』のなかで唱えた言葉として知られています。

人事評価制度のなかの評価項目の１つとして、目標達成度評価を行ない、それを組織の成果につなげようということで、このＭＢＯは用いられてきました。しかし「Management By Objectives」というように、本来これはマネジメントについての言葉であり、ドラッカー氏は「目標」というものを用いることによる「マネジメント」をすることを提唱していたのでした。また『現代の経営』のなかでは、この言葉は「Management By Objectives and Self-Control」と、「**セルフコントロール**」という言葉とともに用いているケースが多いのです。

つまり本来の「ＭＢＯ」とは、「**目標と自己コントロールによるマネジメント**」ということなのです。

何の目標もなく、会社に来て目の前の仕事をし、上からの指示をこなすばかりの働き方ではなく、１年間にこれをめざそうという目標を設定する。そのためには、半年後にはここまでたどり着いていて、毎月単位ではここまで達成して、そのために今週はここまで進めており、今日はこれに取り組もう。それを自分で進捗管理しながら仕事をしよう――このようなマネジメントを行なっていこう、というのがドラッカー氏の唱えた「ＭＢＯ」だったのです。

全員がＭＢＯできる職場をつくる

そして、皆がこの「ＭＢＯ and Self-Control」によるマネジメントのやり方を身につけ、毎年の会社目標・組織目標が会社から発表されたら、適切な目標を設定でき、それを自身で進捗管理しながら働く社員がたくさんいる組織が当たり前になっている企業にするために、「ＭＢＯ」に取り組んでいってほしいのです。

実は、業務や職務の評価だけではなく、この「ＭＢＯ」を取り入れると、評価制度の運用の難易度は一気に上がります。決まった評価項目だけではなく、毎年新たに、しかも適切に目標をつくれるようにならないといけないからです。手間も慣れも必要です。

しかし、これが当たり前になっている組織をつくるためには、たとえ中小企業で社員数が少なくても、ぜひ評価制度にＭＢＯを取り入れてほしいものです。成果主義のためではなく、社員のマネジメントスキルの向上のために、です。

「マネジメント」を「管理」と訳したのは最大の間違い？

「ＭＢＯ」には「マネジメント」という言葉が入っています。「マネジメント」は、日本語でいうと「管理」と訳すのが一般的ですね。「マネージャー」はそのまま「管理職」です。

実は、この「マネジメント」を「管理」と訳したのは、最大の誤訳だ、といわれることがあります。私もつねづね、この「マネジメント＝管理」ということの罪が大きいな、と感じています。

「マネジメント」は本来、「管理」ではなく「経営」という言葉のほうが近いのではないでしょうか。「管理」にはなんだか「監視」とか「制御」とかの意味が含まれていて、「管理される」立場になるとなんだか嫌な気がします。

私は、マネジメントってどのような意味ですか？ と聞かれると、**「一言でいうと『やりくり』です**」と回答することが多いです。

私たちは限られたリソース（ヒト・モノ・カネ・情報など）のなかで仕事をしています。無制限・潤沢にリソースはありません。いまいる組織の人員、持っている商品・サービス、与えられた予算、その他活用できる情報やノウハウを、いかに「やりくり」して最大限の成果につなげるか。それが「マネジメント」です。やはり「管理」よりは「経営」に近いですね。

最大の成果につなげるために、適材適所への配属や教育指導・育成を行ない、生産性を高め、高付加価値で商品やサービスを、適切な時期やタイミングを見極めて動かしていく。これらのやりくりの役割を担っているのがマネージャーです。優れた経営者やスポーツの世界の監督は、このマネジメントスキルに長けているのです。

「管理」する管理職ではなく、「マネジメント」するマネージャー。組織のなかでこの役割を認識して、そのスキルを身につけ、発揮できる本当のマネージャーを育成していきましょう。

3章

【期中】に行なう マネジメントと コミュニケーション

3-1 【期中】に行なうこと

マネジメントをしっかり行なう

【期初】でしっかりと「成果目標」や「伸ばすスキル」などを見定めたら、さあ、ここから期中に入っていきます。

実は、この【期中】が一番大事です！

この【期中】に、立てた目標に対していかに取り組んでいくか、行動できるかが大事です。【期末】時点に「もう少し頑張ってほしい」と評価を伝えても、もうその時点では半年が終わってしまっています。「成果」は「行動」の集積以外のなにものでもありません。いかに早め早めに行動してもらうか。そのための「しくみ」をつくることがとても重要なのです。

ちなみに、弊社で評価制度を作成する際には、評価シートに「**コミットサイン**」という欄を設ける場合があります。

株式会社○○○○	職種	等級	上長氏名	本人氏名
○○○○年　第○期　上期　評価シート	営業	S3	根亜　瑠子	波美　達人

今期の会社目標	コミットサイン	
今期の組織目標	期初面談日	期末面談日

期初の目標設定から、期中に向けて「コミットメント」（決意し

て約束する）して、記載してもらうことを目的とした欄です。

成果目標やスキル向上の取り組みは、大事なことなのになんとなく他人事のようになってしまう…。これをしっかりと“自分事”にするためのしくみです。

しっかりと評価シートを読み込んで、「立てた成果目標をやりきる！」「このスキルを伸ばす！」と、決意して約束できれば、この欄にサインしてもらいます。約束に躊躇するようでしたら、上司と再度面談し、目標などの変更も検討して、コミットできるまで話し合いましょう。少し厳しい？ しくみでしょうか。

でも、これをすることで、評価シートに記載された内容がしっかりと自分事となり、これから何をめざすのかを落とし込むことができるようになります。しっかりと取り組むことを上司・部下が明確に「握る」ことができたら、次は「行動」するだけです。

マネジメントのしかた

しかし、この「行動」が思うようにできないのですね。

ダイエットのためのランニングが続かない、資格試験のための勉強を今日もサボってしまう、のと同じ問題です。「やる気」や「意思」のせいにして思考停止に陥るのではなく、いかにここで行動してもらうか、それが「期中に行なうこと」なのです。

トレーニングジムにコーチがいるように、資格の学校に先生がいるように、職場には「上司」がいます。この上司がマネジメントすることにより、少し遠くの「重要で緊急度の低い」ことに取り組めるようになるのです。具体的には、以下の２つができるようになっているかどうかをマネジメントします。

①承認による動機づけ

②促しによる取り組みへの行動

【期末】の評価時点ではなく、【期中】にこれをいかにできるようになっているか――これを組織全体で実現していくシステムが、評価制度であり、その重要な機能なのです。

3-2

人はどうして「行動」できないのか

ターゲット行動よりライバル行動を優先させる!?

「行動」が重要とわかっていても、少し先の目標よりも、どうしても目の前の締め切りのある仕事、すぐに結果が出る仕事に取り組んでしまうのが人というものです。自分だけで考えれば、ランニングをサボっても何も問題ありません。逆に、時間が取られず、他のことができるのでサボるほうに、よりメリットがあったりします。

◎人は遠くて不確実なものより、近くて確実なものを選択する◎

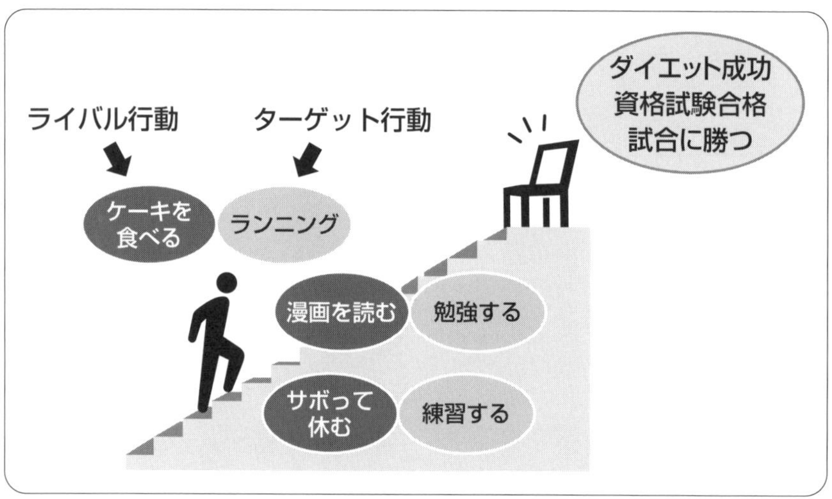

上図のように、「ダイエット成功」という少し先の目標に対して、「ランニング」を毎日していくと成果に近づきます。成果は行動の集積なので、この「ランニング」を「**ターゲット行動**」といいます。

一方、「ダイエット成功」という目標に対して、やってはいけない「ケーキを食べる」という行動もあります。これを「**ライバル行**

動」といいます。ケーキを食べずにランニングすればいい、とはわかっているのですが、しかし、残念ながらこれができないのです。

ターゲット行動であるはずの「ランニング」はなかなか継続せず、本来はダイエットという目標に対して、やってはいけない行動である「ケーキを食べる」という「ライバル行動」は、すぐにやってしまうし、継続もする（してしまう）のです。

これは、実は難しい問題ではなく、「その場・すぐの結果」を見ていくと原因がわかります。

目　標	ターゲット行動	ライバル行動
ダイエット成功	ランニングする	ケーキを食べる
資格試験合格	勉強する	漫画を読む
試合に勝つ	練習する	サボって休む

その場・すぐの結果を見ると…

ランニングしたり、勉強したりすることは、「その場」や「すぐ」においては、比較的嫌なことがつきまといます。時間が取られる、しんどい、つまらない、準備が面倒くさい…などです。一方、ケーキを食べたり、漫画を読むのは、すぐにその場で快楽が得られます。美味しい、楽しい、特に面倒くさくもない…と。

他者がマネジメントすれば行動するようになる

ランニングをコツコツ続けると、半年後にはダイエットに成功する「かもしれない」。遠くて不確実なものなのです。これが行動できない理由です。もちろん、「やる気」や「意識」で頑張れる人もいるかもしれませんが、92％ぐらいの人はこれがなかなかできないのです（私は、夏休みの宿題は８月31日に始める子どもでした）。

しかし、このような（私のような）人は、一生ダイエットに成功したり試験に合格できないのかというと、これを実現する方法はあります。ダイエットが続かない人はトレーニングジムに入会する、勉強をサボってしまう人は資格の学校に入学すればよいのです。

すると、頑張ってランニングすれば、ジムのコーチが大いに承認してくれて、やらなかったら「やりなさい」と指導してくれます。宿題をやってきたら、先生に大いに褒められて、やってこなかったら「ダメですよ」とたしなめてくれますね。つまり、「他者がマネジメントしてくれる」環境ができるのです。

自分一人で取り組んでいたら、ランニングをしてもサボっても何も問題は起きません。前ページの表に示したように、ライバル行動の誘惑に負けてしまう人であっても、この「他者がマネジメントしてくれる」ことで、ダイエットに成功したり、試験に合格するという成果を手にすることができます。

組織においても同じです。部下が年間の目標や、スキル向上を頑張ろうと思っても、そこには緊急性がないため、他のことを優先してしまいます。そこにコーチであり先生である「上司」がマネジメントすることで、「行動」するようになるのです。

上司は、部下が頑張って取り組んでいるようなら、大いに承認し、やっていなかったら「やろう」と促します。この他者がマネジメントするしくみを「評価制度」というツールを使って、組織の皆ができるようになることで、効果につながっていくのです。

トレーニングジムも資格の学校も、達成したい目標に対して、本人が何十万円も払って、この環境をつくろうとしています。会社だったら、ただで上司がマネジメントしてくれるのです！（これを研修などで伝えても受講者にはまったく響きませんが）。

部下の少し先の目標、スキル向上などに対する【期中】での取り組みは、構造的になかなか行動の継続ができなくなります。

そこで、上司が評価制度のツールを使いながら、承認し、促していくわけです。その先に組織としての成果や成長があります。

評価制度の運用のポイントは、まさしくこの**【期中】のマネジメント次第**なのです。

3-3 モチベーションをあげる承認方法

部下をしっかり観察して「承認」のスキルを磨く

【期中】に部下が目標やスキル向上などの自己成長に対して頑張って行動していたら、これをスルーせずに、上司が承認することがとても大事です。

「私の上司は、頑張っていることをしっかり認めてくれるんだ」という、この体験こそが「動機づけ」につながります。前述したコーチや先生の「承認」と同じですね。

逆に、目標に向けて取り組んでいる、行動しているのに上司は見ていない、スルーしている、となると、やはりモチベーションはどんどん下がっていくでしょう。

そして、そんな上司に【期末】に評価をされても、「見ていなかった人に評価されても」と、納得性のない評価となって、不満ばかりが大きくなっていきます。

この【期中】にモチベーションをいかに上げるような承認ができるか、部下が前向きに主体的に行動するために、見逃さずにしっかりと上司による動機づけが図れるか、ということが大事で、そのためのポイントは次の２つです。

①部下が頑張っているのを見逃さない観察のしくみがあるか
②上司に動機づけを図れるような「承認」のスキルがあるか

そしてもう一つ、承認とともに【期中】のマネジメントで重要なことがあります。それは、「促しによる取り組みへの行動」です。それを次項で見ていきましょう。

3-4 きっかけを示して取り組んでもらおう

取り組んでいないことを見逃さないしくみをつくる

目標やスキル向上に取り組まない部下に、「やらない本人が悪い」といっても、組織の成果や成長にはつながっていきません。

【期中】のマネジメントとして、承認してモチベーションを上げることと同様に、「**取り組むように促す**」ことも重要な上司の仕事です。ところが、これがなかなか苦手な上司が多いのも、実態だったりします。

年功序列や終身雇用が長く続いていた（いまもたくさんありますが）日本の企業においては、仕事は自分で覚えるもの、先輩の背中を見て身につけろ、というような風潮はやはりまだ聞かれます。

寿司の修業はシャリを扱えるまで10年、というような話もあれば、専門学校で２年学べば寿司が握れてカウンターに立てる、という話もあります。どちらが正しいとかではなく、前者の文化が長く続いているという風潮が日本の組織にはある、ということです。

ふだんの仕事に追われて、【期初】に立てた目標やスキル向上にずっと取り組まない、行動しない部下に対して【期末】の評価のときに「ほら見たことか、あなたの評価はＣ評価（かなり低い）だ」といえば、上司としては多少気持ちがいいかもしれません。しかしそれでは部下は成長せず、組織の成果も引き上がらずに、しかも部下にとって嫌な上司になってしまうだけです。

期中に承認をするのと同様に、

①部下が取り組んでいないのを見逃さない観察のしくみがあるか
②上司が部下に行動を促すような「きっかけを示す」スキルがあるか

この２つが重要になってくるのです。

3-5

自ら行動するようになる原理原則

応用行動分析学から行動を分析すると

「承認」による動機づけと「きっかけ」を示すことにより行動してもらうこと――この２つのサポートをすることが、上司としてのマネジメントで一番やってほしいことです。

私は、社会保険労務士法人と株式会社の２つの法人の代表を務めていますが、実はもう一つ「一般社団法人日本ＡＢＡマネジメント協会」という法人の代表も務めており、ここで「行動」の研究をしています。

「**ＡＢＡ**」とは「Applied Behavior Analysis」の略で、日本語では「**応用行動分析学**」といいます。

人（動物）がどのような原理で主体的に行動するか・しないかなどを、統計によって徹底的に分析し、それを実際に応用していく学問です。このＡＢＡ（応用行動分析学）を使って、どのように人を動かすのかについては、それを専門にして解説した本も出版させていただいているので、そちらをぜひご参考にしてください（アニモ出版刊『自律型社員を育てる「ＡＢＡマネジメント」』）。

このＡＢＡの考え方で、行動を分析すると、次ページ図のようになります。

上司の【期中】のマネジメントがなく、ほったらかしの場合（図の①）と、しっかりと「きっかけを示す」ことで行動を引き出し、望ましい行動をしたら、「いいね！」の承認をしているケース（図の②）とで、何が変わってくるのかを比べてみましょう。

①のケースでは、部下の行動がなかなか引き出されないばかりか、たまに自分で頑張って取り組んでみても、上司が見ていなかったり、何の反応もないと、評価制度はうまくいかず、さらには忙しいのに

◎リーダーシップスキル向上が目標である部下の行動分析◎

①上司がほったらかしで、形骸化している評価制度

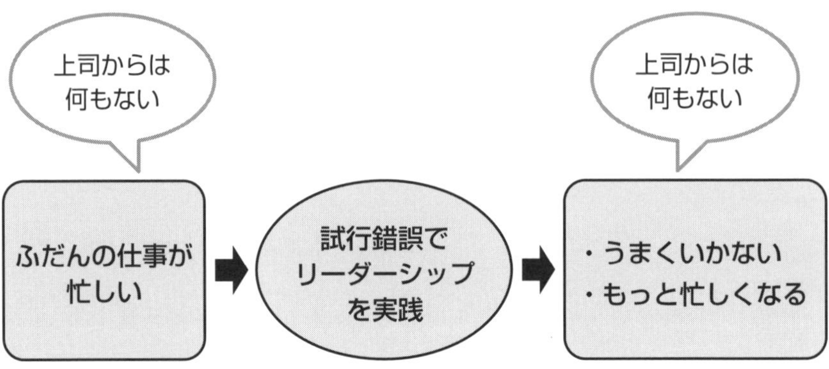

②上司が期中のマネジメントを行なっている評価制度

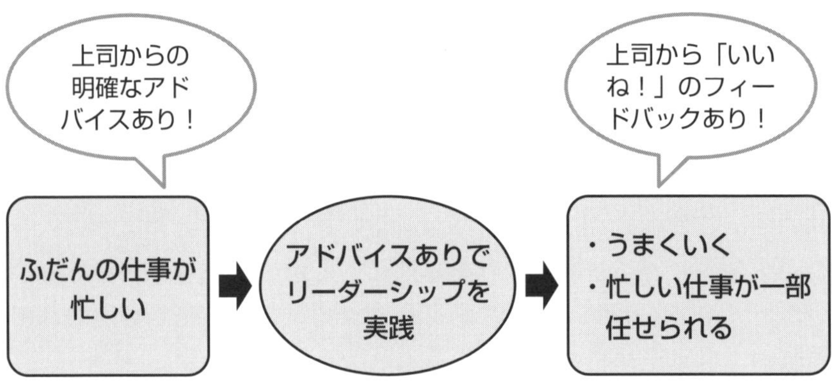

時間だけ取られて、何もいいことがない、ということになってしまいそうです。こうなると、部下が自分から行動することはどんどん減っていき、目の前にくる仕事だけをこなすことになります。

一方、②のケースのように、上司からの行動を促す「きっかけ」があると、適切な行動が引き出されやすくなり、その行動のあとにしっかりと上司が承認してくれると、やってよかった、という実感が生まれてくることでしょう。部下は主体的に行動をするようになってきます。

たとえば、子どもがお手伝いをしたら、その場で親が笑顔で「ありがとうね！」とほめてくれた。この体験がまた、次に自分からお手伝いをするという行動を引き起こすのです。

大人の社員と子どもの場合を同じに論じるな、といわれるかもしれませんが、行動の原則はやはり同じです。

この小さな成功体験をいかに【期中】に感じさせられるか。出してほしい成果、成長してほしいスキル、振る舞ってほしい姿勢などが、評価シートには記載されています。このシートを使って、「これを期待しているよ」と明確に「きっかけ」を示して行動を促し、部下が行動に取り組んだら、すぐに「○○項目がよくなっているね。いいね！ その調子！」と承認することで動機づけができるかどうか——これが、評価制度というツールがあると、マネジメントは苦手な上司でもやりやすくなるのです。

マネジメントが難しいなら評価制度のしくみをつくる

部下のマネジメントに悩む上司が多い会社であれば、マネジメント研修も大事ですが、その単発的な研修でその場だけで終わるのではなく、評価制度というしくみを使って、いつもこれに関わって活用していくほうが、上司のマネジメントスキルも上がっていきます。

もちろん、こんな理屈や行動学としての論理を使わなくても、ちゃんとできている上司もいます。経験などからその人が身につけているスキルなのでしょう。何をしたらいいかをしっかりと伝え、頑張っていたら「いいね！」と承認し、できなかったり悩んでいたら「こうしたらどうか」と促す。育成や動機づけが得意な上司です。

しかし、このようなことが、日本の中小企業の上司が皆できるかというと、なかなか難しいようです。特に中小企業の管理職は、プレイヤーとしては優秀でも、マネジメントに関するスキルは不足しがちです。そこで、「評価制度」というシステムを定着させ、組織全員でやっていくことで、皆がマネジメントできる環境が出来上がります。そこをめざして運用のしくみをつくっていきましょう。

「60秒ルール」とは

ＡＢＡマネジメントの研修の際などによく話すのですが、66ページの図の右側のほうの「上司からのいいね！ などの承認」には、時間の遅延も大きな影響があります。

たとえば、ペットの犬に「お手」を教えることをイメージしてみてください。最初は「お手、お手！」といっても動物には何のことかわからないから困惑します。犬の前足の近くに自分の手のひらをもっていったりしながら、近い行動を引き出すように飼い主は頑張ります。そして、ついに手のひらに前足を乗せたときに、間髪容れず「そう！ いいね！」といって、エサをあげて、わしゃわしゃなでて褒めてあげます。“だから”またお手をするのです。行動した直後に、よいフィードバックがあると、その直前の行動を繰り返すようになり、子どものお手伝いのケースとまったく同じです。

赤ちゃんが立ったときに、まわりはどのようなフィードバックをするでしょうか。とびっきりの笑顔で「〇〇ちゃん立った！ すごい！」と承認しまくりで、そこに集まってきた家族もまた「〇〇ちゃん立った！ すごい！」と満面の笑顔でフィードバックします。

“だから”また立つのです。**行動の直後のフィードバック**、これが主体的に行動するようになる大きなポイントです。一般的には「学習する」といったほうがわかりやすいかもしれません。

本項の解説が少し長くなりましたが、この「行動の後のフィードバック」は、行動後60秒ぐらいまでの間でないと意味がなくなってしまう、というのが「**60秒ルール**」というものです。

たとえば、お手をした瞬間には飼い主が何も反応せず、次の日に「昨日のお手はよかったね！ えらい！」とエサをあげてわしゃわしゃして褒めても、犬は学習しません。結びつかないのです。また、トイレではないところで犬が粗相をしたとします。その場で「ここではダメ！」と叱ったら、「ここでしてはいけない」という学習につながりますが、次の日に叱ったら飼い主は嫌われるだけでしょう。

行動した後のフィードバックは、60秒以内でないとその行動に紐づかない、影響を与えない、というのが60秒ルールです。動物や赤ちゃんには、この直接体験が絶対に必要です。

しかし、私たち人間の大人はそうではありません。直接体験でなくても、学習することができるのです。それは、動物や赤ちゃんにはない「言語」をもっているということです。意味のある言葉による「疑似体験」ができるわけです。

「昨日頑張ったことのご褒美だよ」「先週の行動は、ダメだからやらないように」ということが、直接体験ではなく、遅延しても言語により影響を与えることができるのです。これは、人間のもっている素晴らしい能力です。ただしこれも、時間が経てば経つほど効果は薄れていきます。

子どもがお手伝いをして、その場で「ありがとう！」とフィードバックをした場合、次の日、３日後、１週間後…と、だんだんと行動に与える影響はなくなっていってしまうのです。２週間ぐらいが限界ともいわれています。

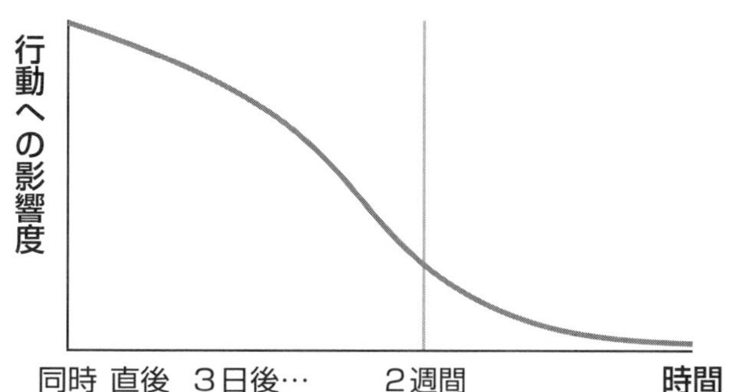

さて、ここで一般的に半年や１年に１回しかフィードバックをしない評価制度を考えてみましょう。数か月前の「ここがよかった」「これは直そう」というフィードバックは、本人の成長やモチベーションにどれくらい影響を与えることができるのでしょうか。

大事なのは、【期中】に早め早めにフィードバックするしくみを実践することなのです。

3-6 サポートシートでいかに本人が振り返る機会をつくるか

「振り返り」はなぜ重要か

こんな実験があります。子どもたちを２つのグループに分け、１つのグループでは自分で勉強をしている時間の記録をしてもらい、もう１つはなにも記録しないで勉強をしてもらうグループです。

その結果、勉強時間の記録を取っているグループは、取っていないグループと比べて、実際の勉強する時間が長くなり、成績もよくなるそうです。

そしてこの実験の面白いところは、勉強時間の記録は自分たちに任せていて自己申告なので、ウソをついている子どもがいるということです。10分しか勉強していないのに30分とか、多めに申告してくるのです（子どもらしいですね）。

当然、実験ですので、本当はどれくらい勉強しているかは、ビデオを撮っていて記録しています。

しかし、たとえウソをつく子がいたとしても、実際の本当の勉強時間も成績も、記録を取っているグループのほうが伸びているのです。

このように、自身による行動の「振り返り」があるか、あるいはまったく振り返らないままでいるかによって、実はパフォーマンスに大きな違いが出てくるのです。

たとえば、家計簿をつけている人はお金が貯まります。体重を記録してグラフ化し、それを毎日見ている人は体重が減ります（レコーディングダイエット）。

「振り返り」の効果はとても大きく、ＡＢＡ（応用行動分析学）を産業に活かしているアメリカでの実証例はたくさんあり、自己の振り返りで組織のパフォーマンスがどれくらい向上するかなどを見ることができます。

この詳細については拙著でいくつか紹介していますので、関心のある方は、ぜひ読んでいただけると幸いです（アニモ出版刊『評価をしない評価制度』)。

「サポートシート」の活用

この自分自身で振り返りを行なって、前述した行動や学習に影響を与えるギリギリの期間である２週間程度でのフィードバックをしくみ化するために、弊社では評価制度を導入する際、「**サポートシート**」というものを提案しています。

これは、月に２回ほど、自身の目標に対する進捗度や、スキル向上に関して何に取り組んだのかを自分自身で振り返り、上司と共有するシートです。だいたい15分ほどで記入できるようなシートになっています。

月に２回というのは、２週間に１回よりも、毎月の業務のリズムを考えると運用しやすいので、そのように設定することが多いです。もちろん、毎週１回のほうがやりやすい、という場合もあるでしょうし、実際にそれで回している企業もあります。

このシートの狙いである「自身の振り返り」によるパフォーマンス向上の効果を発揮しており、実際に導入して定着している企業、組織からは次のような感想をいただいています。

「**このシートを使って、部下の様子がわかるようになってきた**」
「**目標やスキル向上に関するコミュニケーションが増えた**」
「**サポートシートを出すタイミングで上司に相談しやすくなった**」

もし、導入している評価制度において、期中のやり取りのしくみがなかったり、今後導入する際にも期中に使うツールなどは考えていないようでしたら、このサポートシートのようなものを取り入れてみてはいかがでしょうか。エクセルのフォーマットでご提供しているので、カスタマイズして使ってみてください。定着すれば、持続して社員を成長させるしくみができると思います。

◎「サポートシート」のサンプルと使い方◎

「サポートシート」の使い方が記載されています。

本人からの提出日、上司からのフィードバック日を記載します。

【資料02】

株式会社○○○○ サポートシート	所属	等級	上長氏名	本人氏名
	営業	S3	根亜　瑠子	波美　達人

※サポートシートの目的	※サポートシートの使い方
スキル向上などの自己成長に取り組むには、振り返りの仕組みがあることがとても重要です。（第二象限【重要度高・緊急度低】）毎月○日と○日に上長へ提出することで、自身の振り返りと上司への相談などを行うコミュニケーションツールとして、上記の実現を皆で進めていく事が目的のシートです。	①「成果」の進捗状況と「役割・スキル」と「姿勢・態度」について、今回特に取り組んだことがあったら「○」いつも通りだったら「－」、相談ごとがある場合は「▲」を選びます。 ②「○」「▲」とした項目に関して、具体的にはどのようなことに取り組んだか、どんな相談あるかを記載しましょう。 ③上長は提出されたサポートシートを確認し、フィードバック（赤ペンで返す、声掛けする、MTGするなど）をすぐに行い、承認やアドバイスを行っていきましょう。

今期の法人目標	提出日
①期の売上○○億円達成　②利益率○%向上　③休日増加、労働時間削減で働きやすい職場の実現	年　月　日
今期のチーム目標	**フィードバック日**
①組織の売上○○億増加　②利益率○%向上達成　③組織の年間の残業時間10%減少	年　月　日

特に取り組んだことがあった：○　通常通りだった：－　相談したいことがある：▲

目標に対する進捗状況やスキル向上に関する取り組みを、○、－、▲の３段階で入力してもらいます。

		今期の達成目標基準	取り組み度 ○・－・▲	本人　振り返りコメント
成果・達成	1	個人売上 前年比120%増	○	提携先を開拓して、新商品の資料を配布を行った。 その後に電話で問い合わせをして、アポイントまで3件決まった。
	2	個人の残業時間 前年比20時間削減	－	
	3	健康診断の結果を すべてB以上にする	－	

具体的な内容やそのコメント、その他相談したいことなどを本人が記載します。

		評価項目 （具体的な行動はシート参照）	取り組み度 ○・－・▲	本人　振り返りコメント
役割・スキル	4	継続力	－	今回は、先月のトラブル対応に関して、再発しないように通知をつくり周知しました。 トラブルの当事者であるAさんへの、その後のフォローと、お客様への説明を実施。様子を見ながらではあるが、今後もできる限り、Aさんが対応できるようにフォローをしました。（Aさんの成長を促す） リーダーシップに関しては、前々からの課題ではあったが、部下に方向を示さず、行き当たりばったりで仕事をしてしまった。些細な相談でもしやすい体制づくりを次回の課題としたい。
	5	トラブル対応	○	
	6	コスト意識	－	
	7	企画・提案力	－	
	8	信頼力	－	
	9	リーダーシップ	▲	
	10	業務委任	－	

		評価項目 （具体的な行動はシート参照）	取り組み度 ○・－・▲	本人　振り返りコメント
姿勢・態度	11	規律性・ルール遵守	－	自部署だけではなく、他部署の社員の方とのミーティングの機会をつくり、お互いに課題となっているところや、こちらの部署からできることなどのミーティングをしました。定期的に行う予定です。 少し時間を作り、普段は後回しにしている○○の新規業務に関して書籍を読んでみた。O月までに提案をしたいと思っています。
	12	協調性・ チームワーク	○	
	13	積極性・前向きさ	－	
	14	気配り・思いやり	－	
	15	チャレンジ・向上心	○	

（※）上司は内容を見て、目標や成果に取り組んでいる事実が見受けられるようなら、承認のコメントを記載し、声掛けや赤ペン、面談などを活用してフィードバックしましょう。取り組めていないか、悩み相談などがある場合は、コメントを記載するとともに、必要に応じてアドバイスや面談などを実施しましょう。

3-7 いかに負担なく継続させるか

【期中】のポイントは「ちょっとをちょくちょく」

評価制度がその効果を発揮するためには、いかに【期中】に取り組みを行なっていくかが大事です。特に、評価制度の目的が査定だけではなく、業績向上や人材育成につなげたいのであれば、なおさらのこと、【期末】に遅すぎる評価をするよりも、評価項目を使って【期中】にどんどんフィードバックしていくことが必要です。

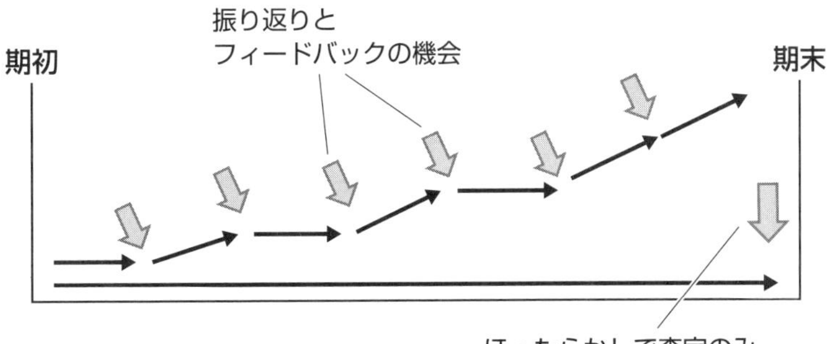

上図のイメージで、【期中】に部下の振り返りの機会を設け、それを上司が確認して、頑張っていたら大いに承認、やっていなかったら適切な指導とアドバイスができるような組織につくり上げましょう。間違いなく、成果もスキルも上がってきます。

また、サポートシートのような取り組みをしていると、最後の評価のときまでに「記録の材料」ができます。月に2回であれば、半期の評価で10数枚のシートができ上がります。

評価実施の際には、このシートを振り返りながら評価をすることで、客観的で納得性の高い評価ができるようになるのです。もちろん、サポートシートではなくても、組織ですでに週報などを行なっていれば、そのフォーマットを少し変えて、評価項目の振り返りをするとか、毎週部署の全員が集まる会議を行なっているのであれば、そのうちの15分ほどを使って、振り返りをしてもらうとか（記録できるのが望ましい）など、オリジナルな形でも問題ありません。ポイントは頻度（長くなりすぎない）と記録になっているということで、そしてこれを最重要業務と位置づけ、皆で大事な取り組みとして定着化させ、継続していくことです。

定着させて継続するためには、負担がありすぎてはダメで、負担を少なくしつつ、いかに取り組めるかが重要です。上司のほうから働きかけたり、面談をしっかりやろうとすると、負荷が大きくなり、結局は続きません。期中のポイントは「ちょっとをちょくちょく」です。頻度と期日を守って実施することが一番大事です。

①目標設定時………「がっつり」面談
②活動期間中………「ちょっとをちょくちょく」サポート
③評価時……………「がっつり」面談

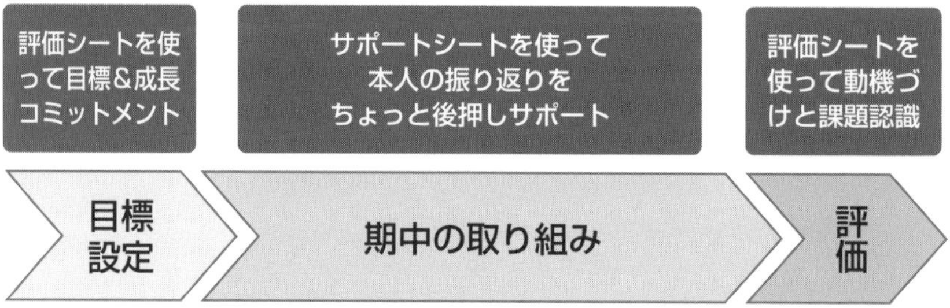

目標設定	期中の取り組み	評価
評価シートを使って目標&成長コミットメント	サポートシートを使って本人の振り返りをちょっと後押しサポート	評価シートを使って動機づけと課題認識

負担と効果は逆転する

定着化すれば、月に２回の本人の振り返りと、それを確認したうえでの少しの声掛けや、赤ペンでのフィードバック、そして必要に応じての面談は過剰な負担とはなりません。しかし、ここで解説したような【期中】の取り組みを導入し始めたときには、それを負担に感じつつ効果はすぐには表われないため、「忙しいのにこんなことをして意味があるのか」という声があがってくることでしょう。

しかし、「負担」と「効果」は時間とともに逆転するのです。

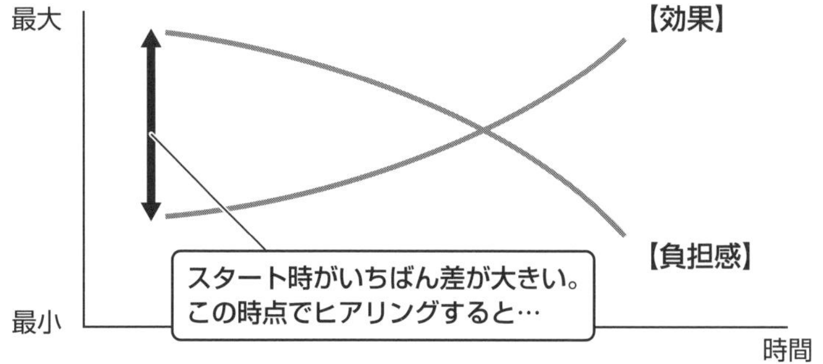

私は滅多に料理などしないのですが（いまどきダメですね）、たまの連休などがある場合にチャレンジすることがあります。３時間かけて、料理本を一生懸命読んでつくった料理。でも、でき栄えはかなりダメダメなものに…。あぁ、あんなに苦労したのに。

しかし、毎日続けて料理をしていけば、だんだんと手慣れてきて、きっともっと短い時間で、あまり苦労もなく、おいしい料理がつくれるようになるでしょう（たぶん）。

また、表計算のエクセルで効率化を図るために関数を入れてつくってみました。ほぼ１日かけて計算式をいろいろ入れてみて、さあ完成だ！　と思って数字を入れてエンターを押したところ…、「#N/A」や「Value」やらがずらっと表示されて、エラーだらけ。あんなに苦労したのに、という気持ちになりますね。

料理もエクセルも仕事も、すべて最初はそうなります。手慣れるまでの負担は大きく、苦労もしますが、効果はあまり出ません。しかし、これを繰り返し行なっていくうちに、自分のスキルとして獲得していき、少しの手間で大きな効果を出せるようになります。「**負担と効果は逆転する**」のです。しかし、導入したばかりの時期は、当然に負担は大きく効果は出ていないので「大変過ぎてやる意味はない」ということになり、ちょっとやってみたけれど定着しなかった、という事態になってしまうのです。

１年やって定着させる！　という心づもりで継続して取り組みましょう。必ず負担と効果は逆転してきます。

3-8 期中の共有ミーティングを実施しよう

全部署の上司が集まって各部署の取り組みを共有

【期中】での取り組みが定着すればよいですが、定着するまではどうしても後回しにしたり、うまくいっていない部署が出てきます。

評価期間が半期であれば6か月近い長い期間になるので、そのような状況をそのままにしておくと、評価制度がうまく運用されないまま終わってしまう部署や組織が出てくるのです。

この半期の間には1～2回、評価する立場の上司が集まって、ぜひミーティングを実施し、期中の取り組みに関して共有しましょう。

たとえば、次ページに例示したようなシートを使って、個人で状況を振り返り、うまくいっていること・いっていないこと、悩んでいること、皆に聞きたいことなどを話し合います。皆で悩みを共有し、よくしていくための方策を検討します。会社全体としての取り組みが進むとともに、評価者としての自覚も出てきます。まわりの話も刺激になるでしょう。ぜひスケジュールを決めて、共有ミーティングを実施していきましょう。【期中】の取り組みについてマネジメントするポイントは以下のとおりです。

①業績向上、人材育成には期中のマネジメントが最重要
②ツールを使ってマネジメントが苦手な上司もできるようにする
③本人の振り返りの機会を月に2回以上実施
④記録を残して、納得性・客観性の高い評価へ
⑤基本は本人の振り返り。そこに効果が出る
⑥上司の負担が増えすぎないように「ちょっとをちょくちょく」
⑦組織の皆で期中の取り組み自体を共有して継続へ

◎「期中のコミュニケーション・振り返りシート」のサンプル◎

【資料03】

期中のコミュニケーション　振り返りシート

年　月　日

部署:　　　　　　氏名:

① 期初から期末の間に実施している部下とのコミュニケーションの自己評価は、100 点満点中何点ぐらいでしょうか。 [　　　　点]

2. その点にした理由をお書きください。

② 期中のコミュニケーション面談の優先順位はどのようになっていますか。(該当を○で囲う)

最優先で予定通り取り組めている	最優先ではあるが、予定通りでないことがある	最優先にしたいが、他を優先してしまうことがある	他を優先してしまうことが多くある	優先度が低く、取り組んでいない

③ 期中のコミュニケーションで効果があると感じていることはありますか？それはどんなところ？

④ コミュニケーションで、難しいと感じていることはありますか？それはどんなところでしょうか。

⑤ コミュニケーションで気を付けるポイントができているかどうか、チェックしてみましょう。

- □ 部下が頑張ったこと、取り組んだことへの承認をしている
- □ 進んでいないこと、止まっていることについて、声掛けをしている
- □ 面談時には、部下から言葉を引き出し、傾聴できている
- □ お互いに次までに目指すことが明確にコミット(合意・約束)できている
- □ 部下とのコミュニケーションが増加している(年の目標や成長に関することで)

⑥ 次回に気を付けること、伝えようと思うこと、その他取り組みを書いてみましょう。

ぜひ、【期中】の取り組みを組織のしくみとして定着化してください。他社にはない大きな強みになります。

２つの塾のどちらに子どもを入れたいですか？

あなたに小学生の子がいるとして、その子を塾に入れようと思っています。A塾には、月に２回、子どもの勉強の進捗状況を先生がチェックするしくみがあり、頑張って進んでいたら大いに承認し、褒めてくれ、やっていなかったり、うまくいっていなかったら、アドバイスをくれます。一方、B塾では先生は授業で忙しいため、そのようなことはできないといっています。

どちらの塾に入れたいと思いますか？　どちらの塾が子どものモチベーションは上がりそうでしょうか？　成績が伸びて志望中学に合格できそうでしょうか？

また、２つのスポーツチームがあり、Cチームでは月に２回、コーチが練習の状況をチェックしてくれて、うまくなっていると大いに褒めてくれて、できていないと指導してくれます。一方、別のDチームでは、ほったらかしです。どちらのチームに所属するほうが、技術が上がり、試合に勝てそうでしょうか？ 選手のやる気が起きそうでしょうか？

身近な例で考えると、本文で解説したようなしくみがあるA塾やCチームのほうがきっとよいだろうと判断されると思いますが、これを組織に置き換えてみたらどうでしょうか。

「部下の目標達成やスキル向上のために、月に２回、どこまで進んでいるかのチェックをして、頑張っているようだったら大いに承認し、できていないようだったらアドバイス、指導をしましょう」というようなことを提案すると、「業務で忙しくてそんなことはできない」と返ってくることが多いのです。

逆に、このような企業、組織が多いからこそ、【期中】の振り返りのしくみを定着させることができれば、部下は成長し、やりがいも感じ、成果も出せる組織になっていくのではないでしょうか。

4章

【期末】に行なう
評価の実施のしかた

4-1 【期末】に行なうこと

評価の実施方法は企業によってさまざまだが…

さあ、いよいよ評価を実施する時期になりました。

年に複数回、評価を実施する場合（年に２回、３回、４回など）もあると思いますが、一番多いケースと思われる、半期ごとによる年２回の実施を想定して解説していきます。

年に１回のみの場合は、前期・後期を合わせた通期の評価の際の説明を、３回以上実施の場合は、半期の際の説明などを参考にしていただければ幸いです。

実は、いろいろな企業を見ていると、この評価を実施するときに行なうことは、かなり異なっていることが多いです。たとえば、本人評価は実施しない、フィードバック面談は行なわない、評価者ミーティングも行なっていない、等々です。

本書では、いままで弊社で導入サポートをしてきたなかで、できる限り「効果的な」ことを盛り込みました。

実際にいま評価制度を実施している企業は、本書の内容をお読みいただき、必要に応じて取り入れてください。これから評価制度を導入しようと考えている企業は、本書の内容をできる限り取り入れて実施することをぜひお勧めします。

期末に行なうこと

①本人評価、一次評価を実施します。
②一次評価者が集まって「評価者ミーティング」を行ないます。
③二次評価、最終評価まで実施します。
④フィードバック面談を行ないます。
⑤評価を賞与・給与に反映させます。
⑥「期初に行なうこと」（☞34ページ）**を並行して進めて、次期のスタートへ。**

【期末】の評価で行なうことは上記のとおりですが、評価の実施については、一般的には下図のような形が多いと思います。

◎期末に行なうことの「一般的な工程」◎

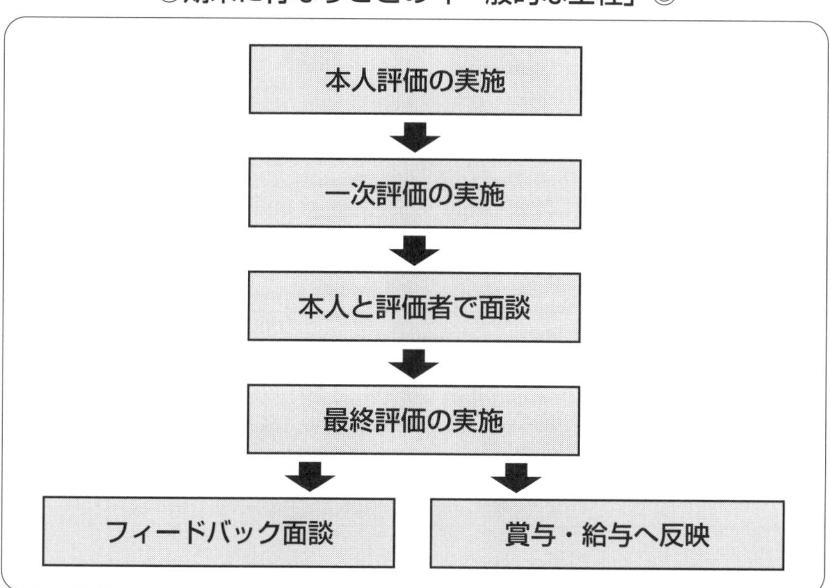

しかし、できれば次ページ図のやり方で実施するようにぜひ検討していただきたいのです。これは、1－4項（☞21ページ）で紹介した**「期日型からその場型へ」「本人評価と一次評価は別々に実施」**

にもとづく方法です。

◎期末に行なうことの「お勧めの工程」◎

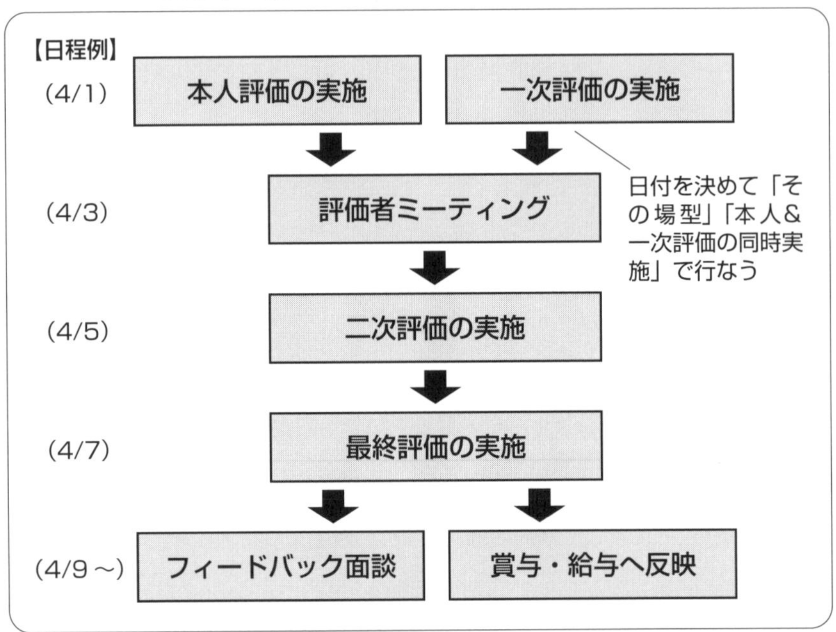

「その場型」にするメリット	①評価確定までの期間が大幅に短縮できる ②その場で集中して取り組むため評価者の負担感が減る ③大事な点を確認してから実施するので評価の精度が高まる ④年間イベントとして設定し、制度が重要だというメッセージになる ⑤結果がすぐにフィードバックできるので、承認による動機づけ、課題認識が伝わりやすく、すぐに次期に向かうことができる
本人・一次評価を別々にするメリット	①本人評価に引っ張られなくなる ②上司が真剣に評価するようになる ③上司ほど評価スキルがない本人（被評価者）のバラツキを防ぐ ④評価をする目的を見失わない（調整や処遇のためを防ぐ） ⑤時間を短縮できる

4-2 「評価する」ことの目的は何か？

目的は2つある

【期末】時点で、前述した試験範囲の「答え合わせ」を実施します。

「評価する」ことも手段ですが、ではこの「評価する」ことの目的は何でしょうか？

何のために評価するのか、考え方はいくつかありますが、私は評価者研修などでは必ず2つの目的を理解したうえで評価してほしいと伝えています。

その2つとは、「**動機づけ**」と「**課題認識**」です。

◎【期末】に評価をすることの目的◎

動機づけ	課題認識
●頑張ったこと、成長したことを承認し、認められるという成功体験により、動機づけを図る。	●できなかったこと、まだ不足していることを伝え、自身の課題として認識してもらい、取り組みにつなげる。

「動機づけ」「課題認識」はなぜ必要か

評価対象の期を通して、成果を出した、スキルが向上したなど、頑張ったことや成長した点は、上司、会社がしっかりと評価することです。

それにより、部下には「この会社は、頑張ったらちゃんと評価してくれるんだ」という、小さくとも大事な成功体験を積ませることによって、それが動機づけ、モチベーションにつながっていきます。

もう一つの目的は、課題認識です。

期を通して、事前に期待していたことに対して足りなかったところはどこか、まだできていないところはどこかを客観的な見地から部下に伝え、それを自身の課題と認識してもらって、次の成長につなげてもらいます。

この２つの目的を皆にわかってもらい、その目的を実践するために評価を実施します。その結果、組織・会社自体の成長につながっていくはずです。

もちろん、評価数字を出して査定をする、ということも目的の一つではあります。賞与や給与の額を決めるための指標を評価によって適正に出していくことは、やはり重要であり、評価制度の大きな機能です。

さらには、適材適所への人員配置に活かしたり、等級を引き上げるなど、社内人事の材料としての「指標」を出すことも、評価制度の目的の一つではあるでしょう。

ただし、それだけが目的になってしまうと、本人評価は、自分の課題認識ではなく、いかに賞与や給与を上げるために行なうか、という方向に向かってしまい、低いハードルの目標を掲げるようになります。会社が期待する人材をめざすことよりも、自分の納得がいく評価がされないことへの不満などにつながっていきます。

上司側の評価のしかたも、組織の成果や部下の成長ではなく、限られた人件費のなかでいかに配分するかが目的となり、頑張っていても評価を低くする、などの調整が起こってきます。

本来は、不満が出ないようにするための評価制度のはずなのに、目的が査定のみに偏ってしまうと、逆に不満がたくさん生じてくるという現象はこのようにして起き、またそうなるケースがとても多くみられるのです。

4-3
絶対評価と相対評価はどちらがいいのか

やはり絶対評価を基本に

「評価は絶対評価にすべきですか。相対評価でもよいのですか？」という質問をよく受けます。

絶対評価は、個別に出した評価はそのままで評価を固定する、たとえば100点満点で、80点が何人いようとそれは80点とするということです。一方、**相対評価**は全体の配分を決め、評価点を分布させるという形を取ります。分布は必ず同じになるため、どんなによい点を取っても、まわりによい点が多ければ、相対的に位置が変わって最終評価となります。両者の比較は下表のとおりです。

	絶対評価	相対評価
メリット	●成長・成果をそのまま評価 ●自身の課題が明確になる ●納得されやすい	●評価しやすい ●多少あいまいでもよい ●組織内で競争力が増加
デメリット	●より正確な評価が難しい ●評価者の影響が大きい ●評価基準の理解が必要	●成長しても評価点が低くなることがある（逆もあり） ●まわりに勝てば…となる

最近では絶対評価が主流になっており、私も絶対評価をお勧めしています。ただし、中小企業では、上表にはない、絶対評価に対する課題があります。それは、「絶対評価で皆の評価が高くなっても、賞与や給与をそんなには上げられない」という問題です。中小企業の場合、毎年の利益は、外部環境の影響を受けて大きく上下します。皆頑張ったから、皆の賞与を多くする、わけにはいかないのです。

でも、前項の「評価する目的」を念頭におくと、やはり絶対評価にする必要があります。そこで、「評価は絶対評価、賞与・給与への反映は業績にて変動する」という「ポイント制賞与」「ポイント制昇給」をお勧めします。詳しくは6章で解説します。

4-4

3つの「性質」の評価が必要

「成果」「スキル」「姿勢」が評価基準

ここからは、「評価のしかた」について説明していきます。気をつけるべき評価のポイントを理解しておくことが大切です。

まず、評価には大きく3つの種類があり、それぞれの性質の違いを確認しておきましょう。以下の3つの種類のうち貴社で実施していないものがあるかもしれませんが、該当するところを確認していただければ大丈夫です。

性質の異なる3つの評価

①成果評価（目標達成度評価・MBO評価など）
②スキル評価（能力評価・役割発揮度評価など）
③姿勢評価（情意評価・執務態度評価など）

種類	成果評価	スキル評価	姿勢評価
内容	毎年の組織目標、個人目標に対しての達成度	その役割を遂行するにあたって求められる知識・技術	その役割にふさわしい、振る舞い、言動、姿勢や態度
何につながるか	短期的な組織の業績（目標）	中長期的な組織の成長・底力	職場風土の醸成

この3つの評価基準は、それぞれ性質も異なれば、何につながっていくかの目的も異なっています。あわせて、評価のしかたも違うので注意が必要です。

「成果」評価と残る2つの「スキル」「姿勢」評価が異なるのはわかりやすいですが、スキルと姿勢にも大きな違いがあります。ここで確認しておきましょう。

スキル評価と姿勢評価の違い

スキル評価と姿勢評価は混同されることが多く、企業によっては「業務評価」として一緒にしている場合もあります。ただ、前ページの表で見たように、その性質も何につながるかも異なり、実は評価のしかたも異なるので、注意しなければいけないポイントです。

簡単にいうと、スキル評価は「**できるか・できないか**」であり、姿勢評価は「**やるか・やらないか**」です。

スキル評価 （能力評価・役割発揮度評価など）	姿勢評価 （情意評価・執務態度評価など）
スキルは知識、経験、習熟により積み重なっていくもの。「この仕事はＡさんはできるけれども、Ｂさんはまだできない」場合、ＡさんとＢさんは「スキルに差がある」という。期初に自身の求められるスキルを把握し、それを伸ばしていくことで組織の力となっていく。	表に現われる態度、振る舞い、言動について、やればできるけれども、ふだんからＡさんは体現し、Ｂさんはやっていない場合、ＡさんとＢさんは「姿勢に差がある」という。期初にどんな振る舞いが求められるかを把握し、それを体現していくことで、組織の風土が醸成される。

Ａさんは自転車に乗れるけれども、Ｂさんはまだ乗れない。「自転車に乗れ！」と命令しても、スキルに差があるため、できる・できないの差が出ます。期中に乗る練習をして乗れるようになったらその後も乗れます。スキルは積み重なっていくのです。

一方で、「人が来たら挨拶しなさい！」とその場で命令したら、Ａさん、Ｂさんとも両方できます。でも、ふだんからＡさんは挨拶していて、Ｂさんはしていません。姿勢に差がある、なのです。

姿勢は積み重ねではなく、ほぼ誰でもできるスキルをちゃんとやっているかどうかを評価する項目です。やる人が増えると、その期待どおりの風土になっていきます。スキルで評価を高くするにはどうしても時間がかかりますが、姿勢はもしかしたらすぐによい評価がもらえるかもしれません。評価制度の理解はとても重要です。

4-5 「成果評価」のしかた

成果評価は達成度を評価する

前述したように、「成果」「スキル」「姿勢」は、その性質と何につながるかが違いますが、「評価のしかた」も大きく異なります。

まずは「成果」の評価のしかたについて見ていきましょう。

ゴール（ToBe）	プロセス（ToDo）
期末に行なわれる顧客満足度調査で90%以上を達成	訪問したお客様に毎回手紙を書く。満足度の高いお客様を対象に６月までに調査をする。その内容を７月までにレポートにまとめ、計画を立てて実施していく。接客研修を３回実施。そのつどロールプレイで復習し、上司にチェックしてもらう。

これは２章の目標設定で47ページに出てきた例です。

Ａさんは期中に一生懸命頑張って、プロセスは完璧に遂行していました。どんなに忙しくても、立てた目標に対して他の誰よりも取り組んでいたわけです。しかし、期末時点の満足度調査では、惜しくも89％の満足度になりました。下表のような評価基準が決められている場合、果たして、このＡさんの成果評価はどのランクにすべきでしょうか？

S	A＋	A	B＋	B	C
大幅に上回って達成	上回って達成	達成	達成に少し届かず	達成に届かず	達成に大幅に届かず

Ａさんの評価は「Ｂ＋（達成に少し届かず）」になります。

成果評価は、あくまで目標に対して成果（ゴール）にたどり着いたか、どうだったのかで評価をします。その際にプロセス（ToDo）をどれくらい頑張ったのかについては原則として加味しません（ただし、評価制度が成果評価のみでスキルや姿勢評価をしない場合に、プロセスを代替的に使うときはまた別とします）。

なぜなら、たとえプロセスは頑張っていたとしても、目標に達しなければ会社・組織目標に対する貢献度は低くなり、逆にラッキーパンチで成果だけはよかったとしても、その点については貢献度があったのです。

また、この成果評価は、会社や組織の目標に直結する個人目標である場合、基本的にはその期の一時金（賞与）に反映させるべき項目です。あくまでも、その期で完結する要素として考えるほうが適切なのです。

プロセス（ToDo）はどこで評価する？

そして、評価項目はこの成果だけではなく、スキルや姿勢評価もあります。プロセスで頑張ったところは、ふだんの仕事の発揮度評価のなかで、しっかり評価をしていきましょう。

スキルや姿勢の評価は、給与や昇格の要素になっていくので、プロセスを頑張れる力は、よりそれらの要素として評価されるべきなのです。逆に、ラッキーで成果評価はよかったとしても、プロセスができていないようであれば、これも同様にスキル・姿勢の要素で（低く）評価されなくてはいけないのです。

ゴール（ToBe）	プロセス（ToDo）
期末に行なわれる顧客満足度調査で90%以上を達成	訪問したお客様に毎回手紙を書く。満足度の高いお客様を対象に6月までに調査をする。その内容を7月までにレポートにまとめ、計画を立てて実施していく。接客研修を3回実施。そのつどロールプレイで復習し、上司にチェックしてもらう。

こちらの達成度のみで評価する。

プロセスで頑張った発揮度に関しては、成果評価では原則として評価しない。スキルや姿勢の項目でしっかり評価する。

「プロセスも成果評価すべきではないか。頑張ったのに運悪く達成できなかったことだけで低い評価だとやる気をなくす」というようなご意見をいただくことがあります。

これについては前ページの図にあるように、スキルや姿勢の評価でしっかりと評価し、該当する評価点をあげるとともに、ふだんのコミュニケーションやフィードバック時の面談では、大いに承認してあげましょう。でも、成果評価の評価点を引き上げることは、やはりＮＧである、と本人には伝えています。

これをＮＧにする理由は、大きく２つあります。

一つは「**評価者によるバラつきが一層大きくなる**」という点で、もう一つは「**評価は高くても反映できないという事態になる**」ということです。それぞれ詳しく説明します。

たとえば､「たしかにプロセスを頑張る人も、そうでない人もいる。だから、プロセスを頑張ったことは、成果評価で多少考慮できるようにしよう」としたとします。

すると、評価者によってはプロセス部分をかなり大きく考慮する人も出てくれば、そうではない人も出てきます。同じ評価者のなかでも、複数の目標について同様に、目標ごとに加味したりしなかったりして、その基準の程度が、評価者の感覚によって大きく変わってくるでしょう。

評価制度に対する大きな不満の一つに、「評価者によって基準がバラついている」というものがあります。この要素をさらに大きくしていってしまうのです。成果評価は、ゴールの達成度だけで判断することで客観的評価になり、評価される人の不満も回避できます。

もう一つの理由については、組織内の多くの人がプロセスを頑張って、計画どおりにするべきことはやってきた場合、プロセスを加味すると評価点は高くなります。しかし、目標自体は達成していないので、組織の目標も達成できていないのに、評価の高い人がたくさん出てきてしまう、ということが起こります。

プロセスの頑張りについては、スキル・姿勢評価でしっかり評価してあげて、成果評価はあくまでも成果の達成度だけで評価するほうが、評価制度を適切に運用することができるのです。

4-6

「スキル評価」のしかた

「発揮できていたか」で評価する

スキル評価は、達成度ではなく、期中にどれくらい発揮できていたか、を評価します。成果評価とは異なり、明確な数字などがない評価になるので、ふだんの観察などがより大事になります。

評価は項目に対して、「A」とか「3」などの基準があり、その基準ごとに「～ができている」などの場合もあれば、評価項目に具体的な内容が書かれていて、「ほぼ発揮」に対して「A」とか「3」をつけるというようなパターンがあります。下表のような感じです。

	5	4	3	2	1
トラブル対応	模範的な対応、再発防止もまわりのフォローもできる	適切に対応でき、再発防止もできる	適切に対応できる	自身で対応できるが、課題が多い	自身で対応できない。フォローが必要
人材育成	模範的な育成ができ、組織に貢献した	人材育成の効果があり、部下が育った	計画的に人材育成ができていた	多少場当たり的な人材育成になっていた	人材育成にまったく取り組んでいない

<table>
<tr><th>S</th><th>A+</th><th>A</th><th>B+</th><th>B</th><th>C</th></tr>
<tr><td>すべて模範となる発揮</td><td>大きく発揮</td><td>ほぼ発揮している</td><td>少し課題あり</td><td>課題あり</td><td>課題が多くあり</td></tr>
<tr><td>トラブル対応</td><td colspan="5">業務におけるトラブルが起きたときに適切な対応ができている。自身だけではなく、まわりのトラブルへの対応もできている。トラブルやクレーム、問題点に対して改善の提案ができている。</td></tr>
<tr><td>人材育成</td><td colspan="5">中長期など少し先の人材育成について、求める人物像や、組織に必要な人材を育成するための教育や研修を実施できる。知識や技術だけではなく、考え方を教えたり、価値観を醸成したりするなど、人としての育成もできる。</td></tr>
</table>

後者のほうが基準がシンプルで、評価の際の文章量も全体ではかなり少なくなるので、弊社では後者のパターンで多くつくっていま

す。本書では、後者を中心に解説していきますが、評価の考え方は、同じ「書かれていること」と比べて、安定して身について発揮しているかどうか、を見る、という基本は同じです。

S	A+	A	B+	B	C
すべて模範となる発揮	大きく発揮	ほぼ発揮している	少し課題あり	課題あり	課題が多くあり

項　目	具体的な着眼点、内容
報・連・相	業務の進捗状況を常に報告している。ミスやクレーム、問題などの悪いことこそ早く伝えている。内容に自分勝手な解釈や飾り立てなどせずに、事実を正しく伝えている。迷った際、悩んだ際に、自分の考えや意見などについて、上司に相談をしている。

この具体的内容に書かれていることが、期中に発揮できていたかどうかを、上表の基準に従って評価する。

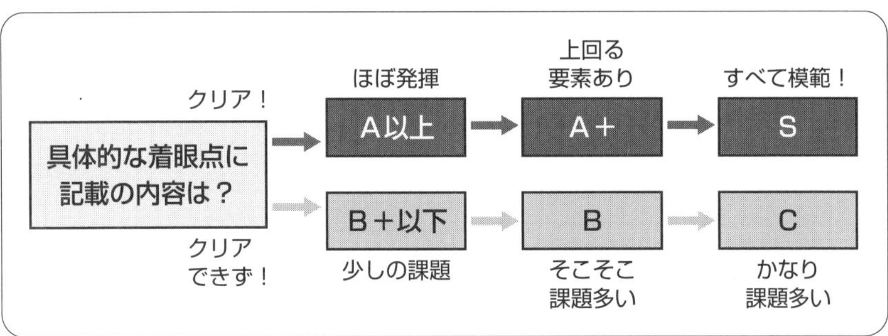

「具体的な着眼点、内容」に書かれていることと比べ、期中に発揮していたか、どうだったか、について評価します。

「上司の考える、私なりの報連相」ではなく、事前に試験範囲として示しているこの文章と比べることを徹底させることが、評価基準がバラつかない重要なポイントです。

具体的な内容に書かれていることが一通りできていたのであれば、「A」以上となります。そこに多少上回る要素があれば「A+」、すべてにおいて模範的であれば「S」評価とします。

逆に、書かれていることに対して課題が少しでもあれば、クリアできていないので「B+」以下になります。課題が少しであって、惜しいのであれば「B＋」です。課題が複数あったり、大きな課題が見られるのであれば「B」、すべてにおいてできていない、課題が多いのであれば「C」とします。

具体的な内容に書かれていることについて、まずは「クリア」か「課題あり」かからスタートし（その中間的な評価はしない）、程度により上・下にしていくという評価点の付け方にすると、評価者によるバラつきはかなり回避できるようになります。

評価基準のシートに書かれている内容は、被評価者にも【期初】に見てもらっているので、評価の際にこれと比べるということで、被評価者の納得性も高くなります。

「ポテンシャル」ではなく「パフォーマンス」を評価

もう一つ、スキル評価で大事なことがあります。それは、「やればできる」ことを評価するのはＮＧで、「やっている」ことを評価しなければいけない、ということです。

つまり、「**潜在能力（ポテンシャル）」を評価するのではなく、「発揮能力（パフォーマンス）」を評価**します。

たとえば、「彼は、知識も技術も社内で図抜けているんだよな。でもそれを全然使っていない」となると、この人は組織に貢献していません。それなのに評価を高くしてしまっては、組織としての成果や成長と連動していない評価になります。

一方、知識や技術にはまだまだな部分はあっても、それを存分に発揮し、貢献にもつなげているのであれば、こちらのほうが組織の成果にも連動しているのです。

「できるけれどやっていない」部下がいるのであれば、その人にいかにパフォーマンスを発揮してもらうか、そして組織に貢献してもらうかを指導していくのが上司の役割です。

評価項目に記載する内容も、「～できる」だとポテンシャルを評価しがちになるので、「～できている」「～している」などの表現に変えることも有効です。

4-7 「姿勢評価」のしかた

「やるか・やらないか」で評価する

評価のしかたの最後は「姿勢評価」ですが、これも期中の発揮度を評価します。この点においてはスキル評価と同様です。

S	A+	A	B+	B	C
すべて模範となる発揮	大きく発揮	ほぼ発揮している	少し課題あり	課題あり	課題が多くあり

項　目	具体的な着眼点、内容
協調性・チームワーク	自分勝手、自分中心ではなく、まわりもやりやすいような仕事のしかたをしている。一緒に働く仲間を気遣い、サポートしている。チームの一員として、チームワークを乱すことなく、貢献するような言動が見られている。

この具体的内容に書かれていることが、期中に発揮できていたかどうかを、上表の基準に従って評価する。

スキル評価と異なる点は、「できるか・できないか」のスキル評価と違って、姿勢項目は「やるか・やらないか」であるという点です。ここで、評価のしかたが大きく変わるわけです。これだけだとわかりづらいので、ちょっと質問形式で考えてみましょう。

Q　期初ではスキルの「リーダーシップ」に課題があったAさん。自身の課題だと認識して、本を読んだり研修を受けたり、上司の指導を仰ぐなどして、頑張っていた。半期のうち最初の５か月間はまだ課題ありだったが、成長して最後の１か月には、リーダーシップの具体的な内容を安定してできるようになり、発揮していた。

Aさんのスキル「リーダーシップ」はよい評価（クリアでA）になるでしょうか。それとも課題あり（B＋以下）でしょうか。

Ａさんは、最初の５か月間は課題あり、の状態でした。しかし、それを自身の課題と認識していろいろ取り組んで成長したのです。最後の１か月にできているようであれば、これは「できるようになった」のだから、クリアであるＡ以上の評価をつけるべきです。

もともとスキルはこのように、最初は苦手なものに取り組んでできるようになるという過程ですから、これで低い評価をつけてしまうと、頑張った甲斐がなくなってしまうでしょう。

一方、姿勢評価で考えたらどうなるでしょうか。

Q 「積極性」という姿勢評価に対し、Ｂさんはいつも新しい仕事は拒否し、会議のときも発言せず、まったく提案もしてこない。いつも「関係ない」と言っている。５か月間そのような状況で、最後の１か月に評価が近くなると急に積極的にいろいろとやるようになった。

このＢさんの「積極性」はクリアである「Ａ」以上の評価でしょうか。それとも課題ありの「Ｂ＋」以下でしょうか。

姿勢評価は、やればできるというもので、習熟していないからできない、というものではありません。最後だけやったからといって高い評価にしてしまうと、最初の５か月は職場への貢献がないにもかかわらず、よい評価がついてしまうことになります。おそらく、次の半期の最初の５か月は元に戻ってしまう気がします。姿勢評価は、期を通して発揮していたかどうかを見ないといけないのです。

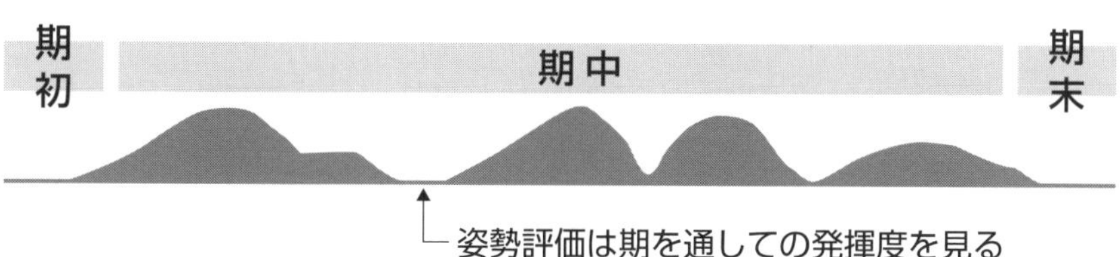

「スキル」と「姿勢」は同じふだんの業務中の評価であっても、性質もつながるものも評価のしかたも変わります。最後だけの姿勢を評価してしまうエラーはありがちなので気をつけましょう。

4-8 「評価エラー」に気をつけよう

「評価エラー」とはどういうことか

前項で紹介したように、姿勢評価を最後の印象だけで評価することは、評価の際に起こりがちな、やってはいけない「エラー」です。

下表に代表的なエラーをあげましたので、実際に評価をする前には、評価者はこの内容を確認し、評価エラーを回避するようにします（実際には研修や手引書などを使って確認を行ないます）。

エラー	どんな内容のエラーか
中心化傾向	評価が中心に集まってしまう
寛大化傾向	評価が甘めに集まってしまう
ハロー効果	一つのよいことが印象となって全体が引き上がってしまう
逆算化傾向	始めに結果ありきで、中身を決めていってしまう
論理誤差	体育会系は営業ができるはず、などと勝手に評価してしまう
対比誤差	自分自身と比べて、評価をしてしまう
期末評価	評価期間全体ではなく、期末近くの観察で評価をしてしまう

「**中心化傾向**」とは、評価が真ん中付近に集まってしまうエラーのことです。たとえば５段階評価であれば「３・３・３・３・３・４・３…」のようにです。

「**寛大化傾向**」とは、上記の中心化が少し上振れするような感じです。「４・４・４・４・３・４・４…」というようにです。

さて、この２つのエラーはどうして起きるのでしょうか。これは、一言でいうと、評価をする「自信がない」からです。

ふだんの仕事ぶりを、評価項目の内容の目線で見ていなかったため、よいところも課題であるところも気づかずに、評価する時期になって思い出しながら評価しようとします。

すると、よいところも自信がないので引き上げるのが怖くなり、逆にできていないところ、課題であるはずのところも堂々と指摘できない。その結果、意図的ではないのかもしれませんが、「角が立たない」真ん中あたりの評価に集中してしまうのです。

そして「寛大化傾向」は、一緒に身近で仕事をしている場合などに「嫌われたくない」「やる気をなくしたら困る」などの理由が働き、評価が全体に上に振れてしまうのです。

ちなみに、この2つのエラーはもちろん「やってはいけない」エラーですが、なぜこのようなエラーをしてはダメなのでしょうか？

これは、何のために評価をするのかという、評価の目的につながらなくなってしまうからです。評価をする目的は、次の「動機づけ」と「課題認識」の2つでした（83ページ参照）。

動機づけ	課題認識
●頑張ったこと、成長したことを承認し、認められるという成功体験により、動機づけを図る。	●できなかったこと、まだ不足していることを伝え、自身の課題として認識してもらい、取り組みにつなげる。

中心化傾向・寛大化傾向になると、2つの目的のどちらも達成できなくなってしまうのです。成果を出したのに、成長したのに、あまり見ていなかったから真ん中の評価になり、よい評価がつかない。一方でできていないことも、真ん中ぐらいの評価になってしまうために、本人は課題と認識しないままになる。まさしく「なんのために評価をしているのか」という状態に陥ってしまうのです。

3番目のエラーの「**ハロー効果**」の「ハロー」とは「後光」のことです。たとえば、「Aさんは顧客満足が社内1位で社長もほめていたよ」といわれると、本当は見てみないとわからない「成果」評価や「提案力」というような別の評価まで引き上がってしまうことをいいます。

具体的に見てみないとわからないはずなのに「後光」に引っ張られてしまうわけです。逆に、失敗したとの社内のうわさがある人に、見ていないのに低い評価をつけてしまうこともやはりエラーです。

「**逆算化傾向**」は、非常に多いエラーなので特に気をつけましょう。最後の合計点ありきで、個別の項目の点数を逆算して調整してしまうエラーのことです。部下の評価をする際に「ここは成長したからＡ、これもかなり秀でているからＡ＋…」というように一つひとつの項目を評価していき、合計したら100点満点中80点になった。これでは他の人と差がつきすぎるとか、社長への説明が面倒くさい、などの理由から合計点を70点ぐらいにしよう、と逆算して評価点を付けなおすわけです。

その逆に、課題と思って評価点をつけていったら合計点が低すぎるから、いくつかの項目をもう少し引き上げておこう、というのもやはりエラーです。評価の目的である「動機づけ」と「課題認識」のどちらもできなくなりますね。

「**論理誤差**」は、評価する側が勝手に論理をつくってしまうことです。飲み会でいつも幹事をやっているから、きっとコミュニケーション能力は高いだろう、と仕事のうえでの発揮度を見ていないのに、勝手に論理をつくって評価してしまうエラーです。

「**対比誤差**」も、とても多いエラーです。自分自身と比べて評価してしまうことです。部下よりも知識もスキルも上であるのが上司です。自分と比べたらたいてい物足りないでしょう。でも、私だったらここまでやるのに…で評価してしまってはＮＧです。自分とは比べられません。では、何と比べるのか。その部下の等級に応じた評価シートに記載されている内容と比べる。これを徹底するのです。

「**期末評価**」は、なんとなくわかるでしょうか。評価期間全体ではなく、期末近くの最後だけを見て評価してしまうエラーですね。したがって、このエラーは主に姿勢評価の際に起きます。

Ａさんは、期初からいつもチームワークよく協力姿勢で仕事をしていた。一方Ｂさんは、協力姿勢はなく、自分勝手に仕事をしていた。ところが、そろそろ評価という時期になると、瞬間最大風速的にＢさんはまわりに協力するようになり、その印象が強くてＡさんよりもＢさんのほうが高い評価になった…。これが期末評価というエラーです。

けっこうありがちですが、これはＢさんは悪くありません（ずるいかもしれませんが）。悪いのは、期末しか見ていなくて、その印象で評価をしてしまう評価者側にあるということです。

「評価エラー」の回避方法

これらのエラーが多いと、やはり何のために評価をするのかという目的につながらず、また、被評価者の納得性もどんどん下がってしまいます。もちろん気をつけなければいけませんが、このようなエラーが起きないようにする方法はないのでしょうか。

どんなに気をつけても、人がすることですから、どうしても起きてしまうのがエラーです。ましてや、評価制度の目的の理解や、スキルが不足している評価者が多いままでは、いつもこのエラーに悩まされてしまうでしょう。実は、抜本的にこれらのエラーを回避することができる方法があるのです。それは、次の２つです。

- **【期中】にふだんから見ておく**
- **そして、記録をとっておく**

評価エラーのほとんどが、期末近くになって印象による評価をしてしまうことにより引き起こされます。【期中】から、評価項目の内容に即した目線で観察し、その記録を取っていると自信をもって堂々と評価できるようになります。

最後の評価のときだけで何とかしようと思っても限界があります。72ページで紹介した「サポートシート」のようなものを活用して、期中の取り組み（期中には全体の50％の注力！）を定着化させておくことが、やはりとても重要になります。

甘い点をつけるのは やさしい上司？

「あの上司はやさしいから、評価がいつも甘いんだよね」

このような話をけっこうよく聞きますが、果たして、このように甘い点をつける上司は、本当にやさしい上司なのでしょうか？

私は評価者研修などでよくこの問いかけをします。そして、ちょっと辛辣な意見になるかもしれませんが、こう言います。

「それは、やさしいのではなくて、自分がよく見られたいからです」

本当にやさしい上司であれば、できていないことによい点はつけないはずです。課題であることをそのままにすれば、その場では大きな問題は起きず、「よい点をつけていただき、ありがとうございます」と部下から感謝されるかもしれません。でも、課題は課題のままスルーされているのです。

課題の改善はいつまでもできないまま、年月を重ね、その上司の元では気づかれないかもしれませんが、配置転換になったり上司が変わったりしたときには、新しく上司になった人から、

「なんでこの人は、この年齢なのにこれができないままなの」

と、いわれてしまうのです。

本当にやさしい上司であれば、早めにその部下の課題を見つけ、それをしっかりと評価し、ほったらかしにせず、早くよい評価になるように指導・教育をして、頑張るように促すのではないでしょうか。

甘い点をつけるのは、部下のためではなく、部下からよく見られたい、気に入られたい、低い評価をして社長から説明を求められたりするなどの面倒なことは先送りしたい…、という自分自身のためにしているのではないでしょうか。

5章

一次評価から
フィードバック面談までの
すすめ方

5-1 一次評価から フィードバック面談までの流れ

「お勧めの工程」にもとづいて進める

評価制度を査定だけに終わらせないためには、結果を「フィードバック」することがとても重要です。この「フィードバック」も手段なので、目的があります。それは、何度か説明している「**動機づけ**」と「**課題認識**」、そして「**納得性を高める**」ということです。

評価に納得していないと、その後の行動にはつながりません。評価結果を適切に本人にフィードバックすることはとても重要なことで、ここで“伝え方のスキル”がとても重要になってくるのです。

この章では、評価をしてから、フィードバック面談までの流れを一通り把握していただき、それぞれの工程のなかでのポイントを解説します。評価実施からの流れについては、82ページ図の「お勧めの工程」にもとづいています（下図に再掲）。

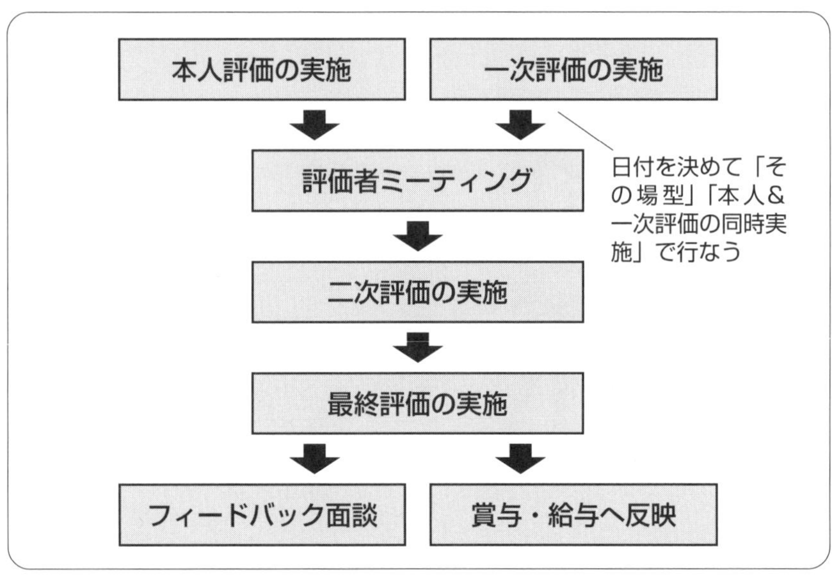

5-2 二次評価者の役割とは

一次評価が適正であるかどうかをチェックする

一般的には、一次評価の次に二次評価を実施します。組織上の上位職種の人が評価をするケースが多いですが（たとえば、課長が一次評価者、部長が二次評価者）、実はここに大きな問題があります。

権限が強く、本人をふだん見ていない二次評価者（部長）が直接本人を評価することには大きなデメリットがあるのです。

- **見ていない人に評価されることによる本人の納得性の低下**
- **どうせ二次評価で決まるからと一次評価者の責任・真剣度の低下**

上記の理由から、二次評価者の役割は「一次評価者が適正に評価しているかを見る」とすることをお勧めします。

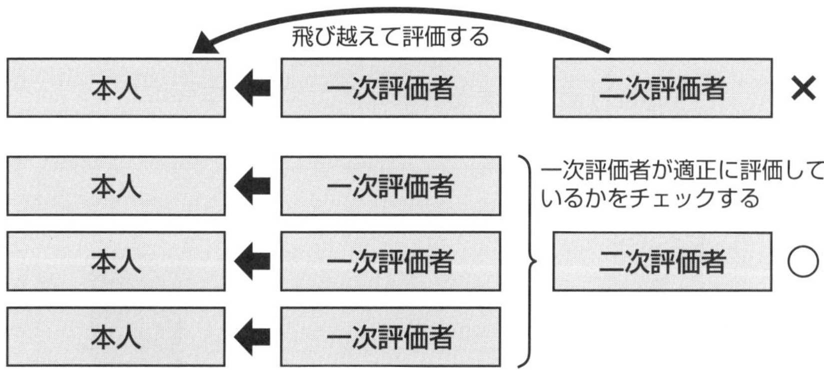

二次評価者は複数の一次評価者についてチェックするので、この「横串をさす」役割が二次評価者には最適で、日頃から本人とコミュニケーションを取っている一次評価者がメインの評価者になることが非常に重要です。二次評価者は、責任と真剣さをもって適正さをみて、評価者スキルにつながる指導をすることで、本人と一次評価者の育成や成果の実現につながっていくのです。

5-3 「箱ひげ図」による分析を行なってみよう

「箱ひげ図」とはどういうものか

一次評価者が適切に評価できているかどうかを、二次評価者が見るためには、「箱ひげ図」による分析を行ないましょう。

箱ひげ図とは、一次評価者がどのような評価をつけているかどうかを分析するやり方です（MicrosoftOfficeのエクセルの機能としてついているグラフです）。

評価者ごとに、その評価者がつけた評価を下図のようにして傾向を読み取るための「箱ひげ図」には、複数のデータの平均値、中央値、最大値、最小値などが示されるので、各一次評価者の「**評価のくせ**」のような傾向がビジュアルでパッと見てわかるようになります。

◎「箱ひげ図」による評価者別の評価結果分析◎

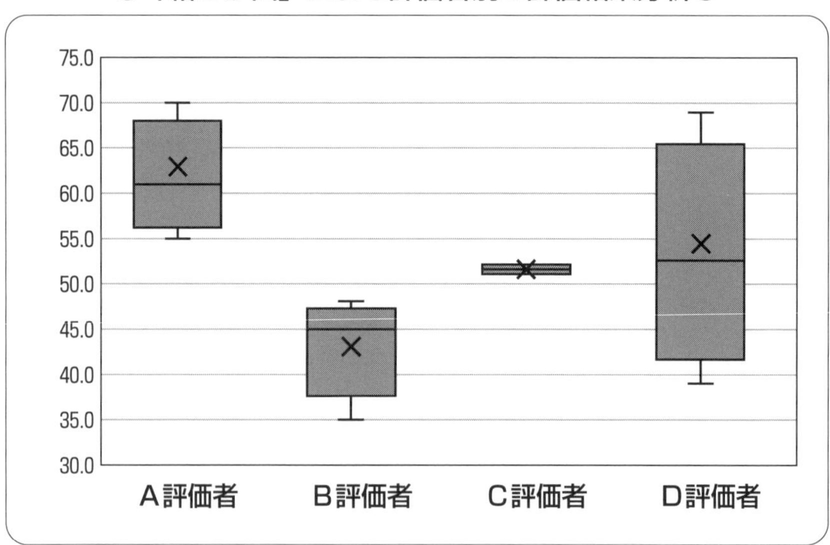

◎一次評価者の評価結果の元データ◎

本人氏名	Kさん	Lさん	Mさん	Nさん	Oさん	Pさん	Qさん
一次評価者	A評価者	A評価者	A評価者	A評価者	B評価者	B評価者	B評価者
一次評価点	55.0	70.0	60.0	62.0	35.0	45.0	45.0
本人氏名	Rさん	Sさん	Tさん	Uさん	Vさん	Wさん	Xさん
一次評価者	B評価者	C評価者	C評価者	D評価者	D評価者	D評価者	D評価者
一次評価点	48.0	51.0	52.0	69.0	55.0	50.0	39.0

◎箱ひげ図の見方◎

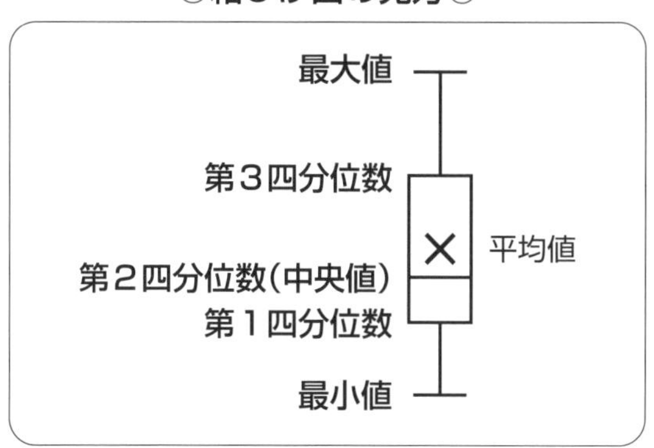

「箱ひげ図」の活用のしかた

この箱ひげ図で一次評価者のグラフをつくると（前ページの図を参照）、評価者ごとに評価の傾向がわかります。この例でいうと、以下のことが見て取れます。

「A評価者は全体的に高い評価になっている」

「B評価者は全体的に低い評価になっている」

「C評価者は同じような真ん中の評価ばかりである」

ただし、この傾向にもとづいて、A評価者は全体的に高い評価だからＮＧ、B評価者は全体に低い評価だからやはりＮＧ、という判定をするわけではありません。

このような分析をした結果、傾向が出ている一次評価者の部下（本人）の実際の個別の評価も見ていきます。そして、本当に評価が高い人がそろっているのか、そうではなく、一次評価者が甘くつける傾向のためなのかを確認するのです（評価制度の導入当初は、評価者に評価の傾向があることがほとんどです）。

その後、どうしてこのような点をつけたのかなどを二次評価者が確認して、修正していきます。複数の一次評価者を見る立場にある二次評価者は、一次評価を飛び越えて評価するのではなく、このような分析をして、適切に評価しているかどうかを見ていきます。そうすることで、公正な評価にしていくという役割を担うのです。

◎一次評価者全体の箱ひげ図◎

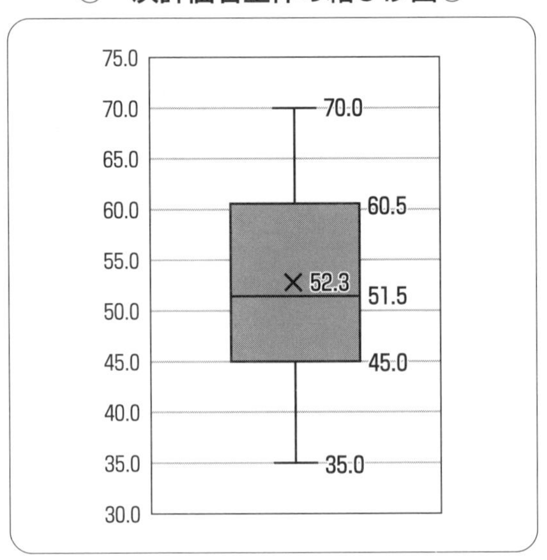

一次評価者の個別のバラつきの確認のためだけではなく、上図のように全体の箱ひげ図も非常に重要な分析資料になります。評価制度の導入当初においては、その会社全体の平均値、中央値、最大、最小、上位25％、下位25％の「数字」がここから見えてきます。

この評価結果によって、一番評価の高い人は評価点が何点ぐらいなのか、逆はどうか、何点以上取ったら昇格候補にするのか、など基準の見極めができるようになります。年度ごとの推移もわかりますので、ぜひ箱ひげ図で分析していきましょう。

5-4 評価者ミーティングのすすめ方

「評価者ミーティング」の目的とは

評価者による評価のバラつきをなくしていくために効果的なのが、**「評価者ミーティング」**です。一次評価をした評価者が集まって、ミーティングを行ないます。

ミーティングの場では、部下の評価を手元に用意して、各自がどうしてそのような評価にしたのかを発表します。その発表に対して、他の評価者が意見や質問をしていくという議事進行になります。

この評価者ミーティングの目的は、次の2つです。

評価者ミーティングの目的

①評価者同士の評価基準の目線合わせをする
②適正な評価やコメントのスキルを向上させる場とする

たとえば、次のような例を考えてみましょう。

ある部署のA上司は、今期が無遅刻・無欠勤である部下Cさんの「勤怠」の評価を「S（一番よい）」としていた。

別の部署のB上司は、無遅刻・無欠勤は社会人として当たり前なので、部下Dさんの「勤怠」の評価を「A（標準）」としていた。

これは、それぞれの上司が自分なりの価値観で評価をしてしまうために起きるズレで、このようなズレは非常に多く見受けられ、部下が納得しない原因ともなっています。

このズレがずっと毎年続いてしまうようではいけません。したがって、A上司、B上司に、その他の一次評価者も集まって「評価者ミーティング」を実施するわけです。

たとえば、A上司が「部下のCさんの勤怠は『S評価』にした。なぜなら、今期は無遅刻・無欠勤で素晴らしいと思ったからだ」と発表したら、それに対して他の一次評価者が意見をいいます。

B上司は「いやいや、うちにも無遅刻・無欠勤の部下Dさんがいるが、『A評価』にしたよ。それは社会人として当たり前だからね。よほど模範的で、まわりにも好影響を与える効果などがないならAにすべきだよ」というかもしれません。

さらに、他の一次評価者も交えて話し合い、「では、今後は無遅刻・無欠勤の場合は『A＋（よい）』評価ということにしよう」と決めていくのです。この場合の評価においては、それぞれが「S」「A」を主張し、平行線のまま推移するのではなく、「A＋」評価にすることで基準が明確になったわけです。

勤怠ほど基準がわかりやすくはない評価項目もありますが、そのような場合も、「こんなときはBにすべきだ」「いや、Cが適切だ」というように、それぞれの評価者が意見を交わすことにより、意見交換しないときよりも格段に基準をすり合わせることができます。

そして、実際に他の評価者の意見を聞いて、納得するようであれば、その場で評価も修正していきます。

評価者のコメントスキルが向上する

もう一つ、評価者ミーティングを実施する大きな効果が、この「評価者のコメントスキルの向上」です。

誰もが自身の部下にはよい評価をしたいと思っています。たとえば、ある上司が「うちのEさんのコミュニケーション力を『A＋』評価にした。私から見たらとても頑張っていたからだ」といったとします。しかし他の上司には、これではどうして「A＋」なのかが明確に伝わりません。「私の部下も頑張っている」「なぜA＋なのかがわからない」という“ツッコミ”が入ることになります。ミーティングの場で、評価の根拠を発表するということは、まわりに伝わり、納得できるようなコメントができないと通用しないのです。

コメントスキルが向上すれば、「頑張っていたから」ではなく、「Eさんは、評価項目に記載されている、『自ら他部署へ確認する』ことが毎回できるようになり、相談する際にも自身で考えをまとめてから、ポイントをしっかり説明できるようになった。そのため『A+』とした」と、まわりが納得するコメントができるようになってくるのです。

低い評価の場合も同じです。「私からしたら物足りないから」ではなく、「評価項目のここととここが、事実として見られなかったから」といえるようになります。

本人へのフィードバック面談の前に、このような「評価ミーティング」の場を設けると、本人へのフィードバックコメントも説得力があり、納得性の高いものにできるようになります。

そして、コメント力が向上するとともに、評価者1人の基準で決めたのではなく、「○評価」が適切かどうかの話し合いを経て評価点を決めている、という過程があることで、本人（部下）の納得性も引き上がってきます。

評価者ミーティングの注意ポイント

評価者ミーティングには一次評価をした評価者が集まりますが、その際、大事な注意ポイントがあります。

一次評価者の役割は、**「発表する」**ことよりも**「意見をいう」ことで**あり、それが一番大事だということを理解してもらいましょう。

まわりからつっこまれるので、自分の発表の番が終わったら気が抜けて、他の評価者の発表をあまり聞いていない、ということが起こりがちです。一通り発表だけして、誰からも意見が出ないミーティング（よくあるケースでしょうか）では、意味がないのです。

一次評価者の一番の役割は「**意見をいうこと**」であることをしっかりと伝えたうえで、評価者ミーティングを開催します。

また、すべての部下について発表するとなると、部下の人数が多

◎評価者ミーティングの実施手順◎

以下が評価者ミーティングの準備と進行手順です。ぜひ、重要なイベントとしてあらかじめ日付を決めて実施していきましょう。

評価者ミーティングの準備

- 開催日、参加者、ファシリテーター（進行役）を決めておく
- 部下の評価シートをそれぞれ他の評価者も見られるように準備し（コピーなど）、必要に応じて個人名を外す
- 箱ひげ図を事前に配布しておく

１人ずつ、自身の部下の評価を発表する

- １人あたりの発表時間を決め、進行役が「次の発表をお願いします」と進める
- すべてではなくても、確認したい評価項目について「Ａさんのこの項目をＢにしました、なぜなら～」と発表する

まわりの評価者がその発表に対して意見をいう（質問なども）

- 発表に対して、評価点が高すぎないか、低すぎないかの自身の意見をいう
- 発表による評価根拠がわからない場合は「具体的にはどのような点を見て評価したのか」と聞く
- 批判ではなく、建設的な意見となるように気をつける

必要に応じて評価を修正する

- まわりの意見に納得するようあれば、ここで修正を実施する
- ほかの部下についても、同様の目線で評価点をつけ直す

いつまでに二次評価に上げていくかなどの日程を確認

- いつまでに修正を提出するか、その後のスケジュールも含めて確認

いと、時間がかかり過ぎてしまいます。このような場合は、評価者１人につき発表する部下の人数を１〜２名とする（その他の部下は同様の目線で見直してもらう）、部署ごとにミーティングができる人数に分けて実施する、などの工夫が必要になります。ただし、多少は時間がかかっても、導入当初は評価者によるバラつきが非常に大きいので、丸１日かけてでも実施したほうがよいと思います。

ある程度目線が合ってきたり、コメント力が向上してきたら、上記のように人数を絞って気になる部下を数名ずつとか、部署ごとに分けて実施するなどに切り替えていくとよいでしょう。「箱ひげ図」をあらかじめ作成しておき、評価者ミーティングの前に配布して、事前に自分がどのような傾向の評価をしているのかを確認しておいてもらうことも、とても効果があります。

この場合、評価者を実名で出してしまうと、誰の評価は甘い・辛いというほうばかりに気を取られて、本来の目的を見失うミーティングになってしまいます。これを回避するためには、評価者名を「A評価者」などとして、評価者本人には事前に「あなたはA評価者です」と自分がどれなのかわかるようにしておくとよいでしょう。

◎評価者別総合評価の箱ひげ図の例◎

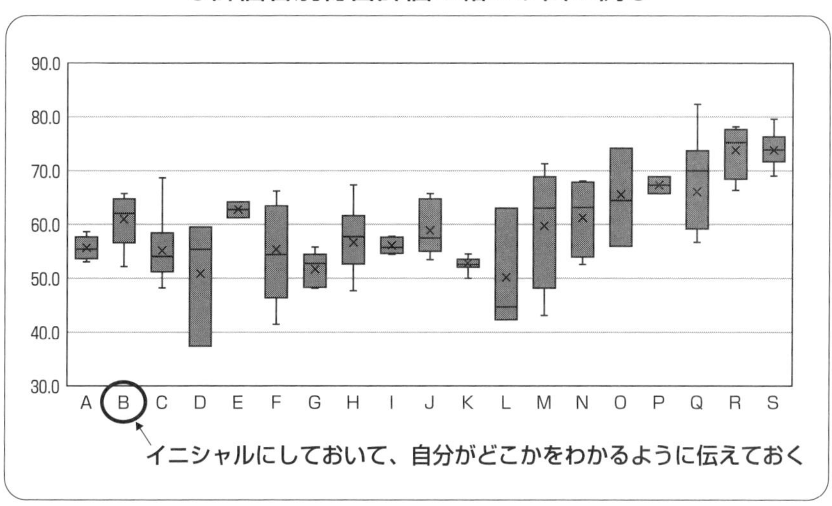

5-5 「フィードバック面談」とは

面談する目的は評価制度を行なう目的と同じ

一次評価から評価者ミーティングを経て、二次評価へ。二次評価者は、一次評価者が適切に評価できているかどうかをチェックして、最終評価へ。本人への「**フィードバック面談**」は、この最終評価が確定してから行なうのが一番よいです。

面談した後に評価が変わってしまうことは、「成果・成長への動機づけ」と「課題認識」、さらには「査定の通知」のどれをとってもおかしなことになってしまうからです。

最終評価後に面談を実施するためには、最終評価までの期間が短くなるように、「その場型」「本人・一次は別々に同時実施」で行なうことがやはりお勧めです。

一次評価者のスキルが上がり、評価者ミーティングなどで目線合わせができてくると、一次評価者が適切に評価できるようになり、二次評価や最終評価ではあまり修正しないようになります。これが理想的な形です。ただし、この状態に至るまでには、二次評価や最終評価で多少修正することが出てきます。この場合は、しっかりと一次評価者にどうして修正したのか、その理由を一次・二次評価者で話し合い、一次評価者が納得しておく必要があります。

そして一次評価者は、自信をもって自身の言葉で本人へ伝え、本人とフィードバック面談を行なっていくようにしましょう。

そして、一番大事なのはその「目的」です。面談することは手段です。面談することで何を実現していきたいのかは、評価をする「目的」（動機づけと課題認識）と同じです。査定の通知だけにとどまらず、上記の目的を意識して面談を行ないましょう。目的がわかっていると、行動の質も量も変わってきます。

5-6 フィードバック面談を実施するポイント

できるだけ部下に話をさせる

効果のある面談をすることもスキルですので、しっかりと知識を手にして、練習、実践、復習を繰り返していくことで、誰でも身につけることができます（逆にやっていないとダメなままです）。

この章では、実際に部下とフィードバック面談する際において必要な「知識」を説明していきます。ぜひロールプレイなどで練習して、本番の後にうまくできたかどうかなどを復習する機会を設けてください。間違いなく面談スキルは高まっていきます。

面談のポイントはいくつかありますが、一番押さえておいてほしことは、**「半分以上の時間は、部下が話している」**のが、よい面談だということです。

スムーズな面談をしていても、上司が一方的に話しているのはＮＧです。部下に半分以上話してもらうためには、上司の聞き方や質問のしかたなどが重要になってきます。

その他のポイントも含め、フィードバック面談で大事なことをまとめておくと以下のとおりです。それぞれどのように実施していくのかを、次項以降で見ていきましょう。

フィードバック面談のポイント

①話しやすい場、雰囲気をつくる
②面談の目的を伝える
③ＧＲＯＷモデルで面談をする
④「人」ではなく「事実」の話をする
⑤コーチングスキルの「傾聴」「質問」「承認」を使う

5-7 フィードバック面談では話しやすい場、雰囲気をつくる

面談テーブルの座り方にも要注意

いきなり「あなたの評価は○点でした」といって面談をスタートするのでは、その後の対話がうまくいかなくなります。

特に、課題がある評価を伝えようとする場合には、壁ができてしまいますし、本人も納得がいかなくなるでしょう。人によっては、いきなり悪い評点をいわれて、頭が真っ白になり、その後に話していることが頭に入ってこなくなります。

多少、古臭いやり方かもしれませんが、フィードバック面談では会話をしやすい場、雰囲気をつくることがとても重要なのです。

【ポイント①：座り方に気をつける】

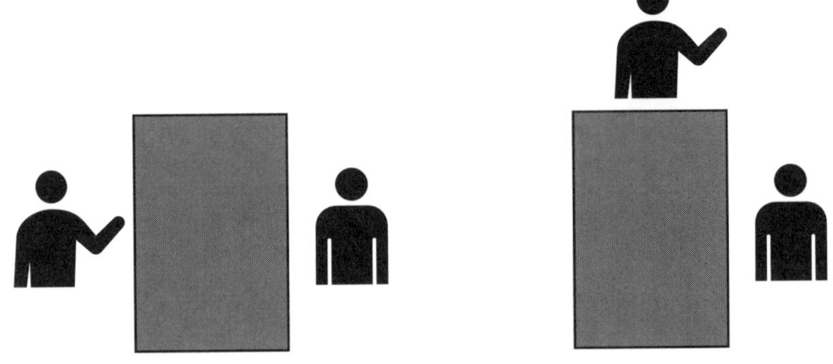

上図左のように真正面に対面で座ると、お互いの距離が遠くなり、真正面で向き合うので圧迫感を感じるため、対話しづらい座り方といわれています。

相手の目の中心ではなく、まぶたや目の下あたりを見ることで、多少なりとも圧迫感は軽減できますが、やはり「面接している」よ

うな場になるため、相手の本当の気持ちなども引き出しにくくなります。

そこで、前ページ右図のように90度の位置で座ると、お互いの距離が近くなり、なおかつ圧迫感もあまり感じないので、親近感が増す、といわれています。

同じ方向に近い位置で資料（紙でもＰＣでも）を見ながら、話し合うほうがお互いに言葉を引き出せるでしょう。ただし、いままで対面で面談していたのに、いきなり急に横側に座られても、本人は少し面食らってしまうかもしれません。

右図のように座ることが必須、というわけではなく、話しやすい座り方にも気を配りましょう、ということです。

【ポイント②：世間話をする】

最近は、プライバシーの問題や、ハラスメントにならないように、ということで、仕事以外の個人的会話はしづらくなっています。

ただし本来、上司と部下とのコミュニケーションにおいては、仕事以外の話題について話しているほうが、相手への信頼が増したり、より話しやすくなることも事実です。

気をつかうことはもちろん必要ですが、いきなり本題に入る前に、世間話をすることをお勧めします。

「ひいきのチームが勝ったね」「お子さんは大きくなった？」「趣味の○○の調子はどう？」などと、話を始めたらいかがでしょうか。

差し支えない範囲というさじ加減はありますが、簡単に評価以外の話題に触れてから評価面談に入ることで、スムーズに話せるようになります。

もし、プライベートに関する会話はほとんどできないという状況であれば、評価以外の仕事に関する伝達事項（今度の夏期休暇の希望は○日までに出してね等）などから話に入るのも、工夫の一つです。

5-8 GROWモデルで面談する

「GROWモデル」とは何か

面談の手順の王道が、この「GROWモデル」による面談です。GROWとは、下図の英語の頭文字からとった言葉で、この順番で面談をしていくとよいでしょう。

Goal	Reality	Options	Will
期末にめざす姿を明確に。 伸ばす能力、達成する目標を共有する。	評価結果で出た「現状」をお互いにしっかり認識する。何がOKで何が課題なのか。	現状とめざす姿のギャップを埋めていくため、何に取り組むのか方法を決める。	取り組む内容や、めざす姿に対する意思を本人から確認。お互いに約束する。

「GROW」という言葉自体が「成長する」という意味ですから、まさしくフィードバック面談の目的どおりで覚えやすいと思います。

以下にあげるような順番で、面談をしていきましょう。

①「Goal」を示す

「あなたには、このような成果を出してもらいたい」「このようなことができるようになってほしい」という、本人がめざすべき目標をまず伝えます。

②「Reality」を伝える

ゴールを伝えたのちに、「現状」を共有します。よいところはどこか、課題は何か。成果にたどり着けなかった理由や原因、まだ身についていないスキルなどについて確認します。

③「Options」を考える

「オプション」とは「選択・方法」のことです。「このようなオプションを取る」などとして使います。

ゴールに向けての現状の課題を共有したら、どのような「選択・方法」でゴールをめざしていくのか。研修やＯＪＴなどを利用していつ何をするかなどを検討して、決めていきます。

④「Will」を確認する

最後は本人の意思確認です。一方的に伝えて終わるのではなく、やり切れるか、どこまで頑張れるかなど、本人の「意思」と「未来」について確認、約束するのが「Will」です。

あいまいなまま面談を終わらせるのではなく、ここでしっかりと意思を確認しておきましょう。

◎現状を明確にし、次期にはできているようにする（ギャップを埋める）ことを、お互いに考え合意する◎

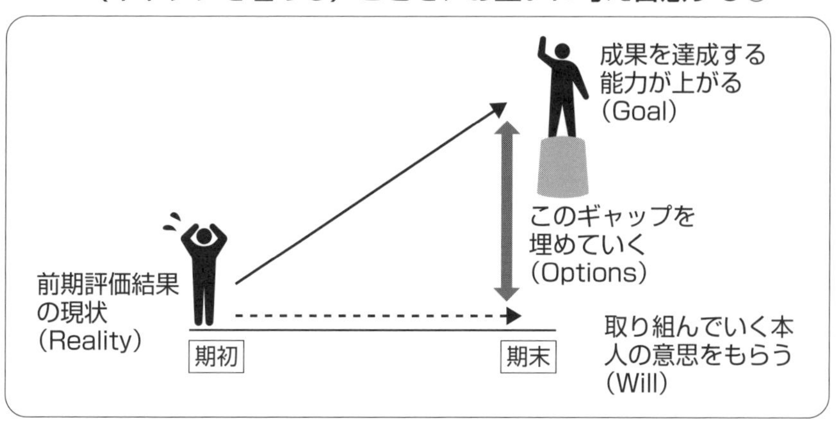

5-9 「人」ではなく「事実」の話をする

相手に納得性を得られるようにする

褒めるときは「ヒト」を主語に、注意するときは「モノ・コト」を主語にする——という話を聞いたことがあるでしょうか。たとえば、こんな使い方です。

「○○さんのおかげで勝つことができたよ」

「壊してしまったことが問題だ」

これは、フィードバック面談においても同様です。特に、課題を認識してもらう際には、これは絶対に守ってほしいフィードバックのスキルになります。

「やる気がないね」

「危機感が足りないよ」

「あなたのこのようなところがダメだ」

と、人間性に関することを指摘されても、「はい、そうです」と納得する人は少ないでしょう。

ましてや、ふだんのコミュニケーションがうまく取れていない場合には、「見てなかったくせに」など、部下に不信感が募ってしまう結果に陥ります。これが評価制度に納得性がなくなってしまう大きな要素の一つなのです。

評価した結果、特に課題を指摘する場合は、**「事実」で伝えることを徹底**していく必要があります。

「やる気がないあなた」に「C」評価をつけたのではなく、「提出物の期限遅れが５回あったという事実」に「C」評価をつけている、といえるかどうか——これが評価者スキルなのです。

納得感があるかどうかは、制度によるものではなく、どのように伝えられるかの「コメント力」によるもののほうが大きく、そのスキルがないまま面談しているために起きている問題なのですね。

ただし、「やる気がある」「やる気がない」と思ってはいけない、といっているのではありません。ここで気をつけてほしいのは、そのまま「やる気がないからＣ評価にした」とコメントすることがＮＧということなのです。

何をもって部下のやる気を判断するのか

たとえば、あなたの部下としてＡさんとＢさんの２人がいて、Ａさんはやる気があって、Ｂさんはやる気がないと思うようなことがあるでしょう。そして、それはほぼ間違ってはいないことが多いです。しかし、なぜそのように思ったのでしょうか。

さらに、今日から部下に配属されたＣさんとＤさんがいたとします。はじめて会ったこの２人には、どちらがやる気があって、どちらがやる気がないか、については、会ったばかりではわからないと思います。

では、なぜＡさんとＢさんについては、そのように感じたのか。それは、一緒に仕事をしてきたなかで、**事実を「見てきた」**からです。

少し頭の中で振り返ってみましょう。なぜ、Ａさんはやる気があって、Ｂさんはやる気がないと思うのか。

そういえば、Ｂさんは提出物の期限遅れが多いな、あるいは遅刻の回数も多いな、会議のときには自分からまったく発言しないな、私の指示をいつもやり切らずに、報告もしてこないな…。だから、「Ｂさんはやる気がないな」となるのです。何かしらの事実があり、それをまとめた結果が「やる気がない」なのです。

「やる気がない」に「Ｃ」評価をつけるのではなく、「提出物の期限遅れ」「遅刻の回数」「会議で発言しない」「指示をやりきっていない」「報告がない」という事実に対して「Ｃ」評価をつけている、とコメントできるかどうかが、まさしく「評価者のスキル」なのです。

次期へのアドバイス力も変わる

「事実」によってコメントができるかどうかは、納得性の部分だけではなく、次期へ向けてのアドバイスなどのコメントも大きく変わってきます。

「やる気がない」から「C」評価にした上司は、おそらくコメントは「来期はやる気を出して頑張ってくれ」となるでしょう。

そのようにアドバイスをもらった部下は、今日から何を始めるでしょうか。「やる気を出して頑張ります（納得はしていない）」というかもしれませんが、具体的に何か行動が変わるかというと、ちょっと怪しいですね。

事実で評価をコメントできる上司は、アドバイスも具体的になります。「来期は提出物の期限遅れはゼロにしてくれ」「来期は遅刻をなくそう」「会議のときには必ず自分から発言しよう」「私からの指示は最後までやり切って、必ず報告してほしい」とアドバイスするようになるのです。

このように具体的なアドバイスだったら、部下の今日からの行動につながっていきます。

フィードバック面談の際に、このように「人」ではなく「事実」にもとづいてコメントできるかどうかは、非常に重要な評価者のスキルです。

そしてこれは、研修などでしっかりと学び、練習してもらい、実践後に振り返り、復習していくことで、誰でも一定レベルまで身につけることができるスキルなのです。

5-10

「コーチング」スキルを使おう

コーチングの「傾聴」「質問」「承認」のスキル

フィードバック面談の際に必要となる評価者のスキルの最後は、「コーチング」などでよく出てくる次の「傾聴」「質問」「承認」という３つのスキルです。

傾聴のスキル	質問のスキル	承認のスキル

これらもあとからでも身につけられる評価者のスキルです。しかし、それができていない人が多いのですが、よくいえば、研修などでかなり引き上げられる「伸びしろ」のあるスキルともいえます。

一つひとつ見ていきましょう。

「傾聴のスキル」の活用

部下との面談時に、部下からの話を「傾聴」できているかどうかというスキルです。

部下が一生懸命「今期は…」と話しているのに、上司は横を見ながらＰＣをカチャカチャ打っていて、「聞いているから続けて」といっている。このような聞き方をしていては、きっと部下はもういいや、となってしまうでしょう。

しっかりと部下と対峙して、話したことにうなずき、時には相づちを打って、相手の目を見て聞く——そのような「傾聴」のスキルが、部下から本音の言葉を引き出すにはとても重要です。

この聴く力は「スキル」なので、知識と練習、実践と復習を繰り返すことで身についてきます。

①うなずき、相づち

相手が話すことに対して、うなずきながら聴き、「そうか」などの相づちを打つことで、相手は話しやすくなります。この上司は真剣にこちらに対峙して聞いてくれている、という安心感につながります。

②アイコンタクト

必ず相手の目を見て聴きましょう。ただし、凝視すると圧迫感につながりますので、うなずきと合わせて行なうアイコンタクトが効果的です。アイコンタクトも、しっかりと対峙してくれているという信頼感につながります。

③バックトラッキング

日本語でいうと「オウム返し」のことです。相手が話したことを繰り返すことにより、聴いているということが伝わります。

フィードバック面談の場合は、どうしても言い訳のような話が出てくることがあります。目標が達成できなかったときなどに、「取り組もうと思っていましたが、退職者が出て人員が足りなくなり、また予想外のトラブルも多くて、手が回りませんでした」と部下がいったときに、「そんな言い訳はいいから…」と上司が頭ごなしにいうと、部下はそこから口を閉ざすでしょう。ここでバックトラッキングを活用します。

「そうか、取り組もうと思っていたけど、退職者が出て人が少なくなり、トラブルも多かったために手が回らなかったのか」と繰り返します。そのあとで「では、来期はそうならないためにどうしようか」と未来志向による会話にもっていくことで、前向きで建設的な意見を引き出すことができます。

④ペーシング

相手の「間」に合わせます。相手が少し考えているときにまくしたてるように話したり、相手が話しているときに遮ったりすると、口を閉ざすようになってしまいます。相手の話すペースに合わせることも聴くスキルとして重要です。

⑤共　感

①～④までのスキルと合わせたものではありますが、まずは相手のいうことに「共感する」ということは、とても効果のある「傾聴」です。「大変だったね」「本当にそうだね」というように、相手の気持ちに共感することで、わかってくれる人ということが伝わります。

その関係性を築いたのちに、前向きに課題に対する話し合いができるようになってくるのです。

「質問のスキル」の活用

フィードバック面談は「部下が話している時間が半分以上」がよい面談である、と前述しましたが、そのためにはこの「質問のスキル」が重要になってきます。

①「クローズドクエスチョン」

「はい」か「いいえ」で答えられる質問のしかたが「クローズドクエスチョン」です。まさに「クロージング」の質問のしかたですね。「○○でいいですか」→「はい」「いいえ」などのような質問形式です。

②「オープンクエスチョン」

クローズドクエスチョンとは逆に、「はい」か「いいえ」では答えられない質問をいいます。「どのように思いますか？」などの質問です。

フィードバック面談では、基本的には「オープンクエスチョン」で、相手の言葉を引き出すように進めていきます。「クローズドクエスチョン」のほうが進めやすいのですが、これで進めるのはあまりよくない面談といえます。たとえばこんな感じです。

クローズドクエスチョンによるＮＧな面談

評価者：「あなたの評価は○○点になりました」
本　人：「はい」
評価者：「あなたの課題はこの点とこの点です」
本　人：「はい、すみませんでした」
評価者：「来期はこの課題を改善するために、頑張って取り組んでください」
本　人：「はい、頑張ります」
評価者：「何か質問はありますか」
本　人：「いいえ、大丈夫です」

なんとなくスムーズに面談も進み、評価者が言っていることを素直に受け止めているようですが、あまり中身のない面談です。このようになってしまっていないでしょうか。

上司と部下の関係ですから、上司から「こうしてください」といわれれば、「はい」と答えるはずです。でも、あまり「自分事」とは考えていないかもしれません。部下にとっての面談の目的が「問題なく面談を終わらせる」ことになってしまいがちです。このような面談をしたあとで、自ら主体的に行動していくでしょうか。

上司としては「ちゃんと面談しているのに、部下が動かない」と部下のせいにしがちですが、もしかしたら上記のように上司が一方的に話して終わっている面談になっているのかもしれません。

そこで、「オープンクエスチョン」で行なう面談に変えてみましょう。

オープンクエスチョンによるＯＫな面談

評価者：「あなたの評価は○○点です。これを見てどう思いますか」

本　人：(少し考えて)「○○だと感じました」
評価者：「あなた自身はどこが成長した点で、どこが課題だと思いますか」
本　人：(少し考えて)「○○が成長した点で、△△は課題だと思います」
評価者：「では、その課題を改善するために何に取り組んでいこうと思いますか」
本　人：(少し考えて)「○○に取り組もうかと思います」
評価者：「私がサポートしていきます。何を手伝ってほしいですか」
本　人：(少し考えて)「○○をお願いしたいです」

このような感じに変わります。自分から話さなければいけない質問のしかたがオープンクエスチョンです。最初のうちは「面倒くさい上司だな…」と思われるかもしれませんが、このような面談をすることで、初めて自分で考えるようになってきます。きっと部下のほうが話す時間は長くなることでしょう。

いままでこのような面談をしていないと、最初は部下もとまどい、うまく答えられないと思います。「えっと…」と考えこんでしまうかもしれません。しかし、このような面談をしていけば、聞かれることがわかってくるので、自分で考え、準備するようになります。

オープンクエスチョンで自分のことをしっかり考え、話してもらい、そこから上司側で考える方向性・難易度とのズレ、違いを話し合うのです。一方的にいわれるだけよりも、こちらのほうが自分事になり、遂行するかどうかも変わってきます。これが本来のフィードバック面談なのです。

「クローズドクエスチョン」の面談で、表面的にはちゃんと面談しています、となってあまり中身がないままでいるか、「オープンクエスチョン」でしっかりと部下が考える面談をしているのか、によって組織の成長も大きく変わってくることでしょう。

「承認のスキル」の活用

フィードバック面談は、課題認識だけではなく、「動機づけ」も大きな目的です。そのためには、この「承認」のスキルが求められます。

実は私もそうなのですが、なかなか「承認」が苦手なのが日本の上司だったりします（決めつけてはいけませんが）。

頑張っている、と思っていても言葉にして褒めるのが照れくさかったりするのですね。そこで、「承認のスキル」を研修などで練習し、繰り返すことで慣れてもらい、自身のスキルとして身につけてもらうことが重要です。上司からの褒め言葉は部下にとっては嬉しいものです。しっかりと承認して、動機づけを図っていきましょう。

①「ＹＯＵメッセージ」

「『承認』してください」といわれると、多くの人がこの「ＹＯＵメッセージ」の「承認」をしていると思われます。「ＹＯＵメッセージ」とは主語が「あなた」となる承認のしかたです。

- 「あなたは今期頑張りましたね」
- 「あなたはここが成長しました」
- 「あなたのこのスキルが素晴らしい」

一見、ちゃんと承認しているように思いますが、意外と相手に伝わらないのがこの「ＹＯＵメッセージ」なのです。

「ＹＯＵメッセージ」は、決定権が相手にあります。「ここが素晴らしい」といわれても、自分自身ではそうは思っていない、とか、ふだん見ていない人にいわれても、とか、研修で褒めるようにいわれたから褒めているのではないか、などと部下から思われてしまうことがあるのです。

②「Ｉメッセージ」

「ＹＯＵメッセージ」と異なり、決定権がこちらにあるのが「Ｉ

メッセージ」です。「私は～」という承認のしかたです。

- 「私は嬉しく感じました」
- 「私は誇らしく思います」
- 「私自身も元気づけられました」

実際に「Ｉメッセージ」を使うときは、「ＹＯＵメッセージ」に加えて伝えることが多いです。たとえば、「あなたはこの項目が素晴らしくよくなりましたね。私もとても誇らしいです」のようにです。

この「Ｉメッセージ」は相手が否定できません。こちらの褒める意図が、そのまま伝わるのです。より承認力が増すわけですね。

③「ＷＥメッセージ」

もっとも承認力が高くなるのが、第三者からのメッセージとなる「ＷＥメッセージ」です。

- 「まわりの皆もすごいといっていました」
- 「お客様からの評判がよかったです」
- 「社長も褒めていましたよ」

第三者からの承認は、より客観的な事実になるため、承認力が大きく増します。これも「ＹＯＵメッセージ」などと組み合わせて「あなたはこの点がとても成長しました。私もすごく嬉しかったし、社長もすごいね、と褒めていましたよ」などと使うことになります。

もちろん、毎回「社長も褒めていたよ」といったら、それはそれでうさん臭くなるので、評価結果で本当によくなったところがあったときに、ぜひこのような「ＷＥメッセージ」を使って承認していきましょう。部下はやっぱり嬉しいものです。

以上、「傾聴」「質問」「承認」の３つのスキルは、研修・実践をしっかりやっていくことで後からでも身につくスキルです。上司の皆が身につけていくことにより、評価制度の効果が大きく変わってきます。

5-11 面談ストーリーシートを活用しよう

面談内容を事前に準備・確認しておく

この章で見てきた「フィードバック面談」のポイントですが、これを使うようになってから、格段に面談がよくなってきた、という声をいただいているシートがあります。それが次ページの「**フィードバック面談ストーリーシート**」です。

面談の前に５分〜10分ぐらいかけて、部下との面談をどのように進めていくかの簡単なストーリーを考えるシートです。

たとえば、うなずくことができていないというような自覚があれば、大きな字で「うなずく‼」と書いておきましょう。

頑張って成長したところは「WEメッセージで褒めよう」とか、課題点はこちらから指摘するのではなく「どこが課題だと思う？と聞く」などと書き留めておくのです。こうすることで、面談の際のヌケ・モレや、聞き忘れ、承認忘れなどがなくなってきます。

そして、よく評価者の方に、「このシートはこのまま面談に持参して使ってください」とアドバイスしています。「うなずく‼」と大きく書いてあったら、恥ずかしいと思うので見せなくてもよいですが、そのように伝えるためにも持ち込むようにして、「あなたとの面談で、伝えたいこと・聞きたいことを事前にまとめていますので、忘れないように見ながら面談させてください」といいます。

きっと部下には、自分との面談を真剣に大事に考えてくれているんだ、と伝わることでしょう。

そして、面談が終わったら、シートの下の部分のチェックリストを使って自身で振り返りましょう。こうすることで面談スキルが自分のものになってきます。評価をする立場の人の面談スキルを引き上げるシートを、ぜひ組織で活用していきましょう。

◎「フィードバック面談ストーリーシート」のサンプル◎

【資料04】

フィードバック面談ストーリーシート

面談するにあたって、5 分程度の時間を使って、ストーリーを考えておきましょう。

例：⇧

・最初に世間話をする、最近の体調など聴いてみる

・あいづち、うなずきを忘れずに行なう、相手に向いた姿勢をとる

・今期の○○ができた事実を褒める、承認する、WE メッセージを加える

・ずっと止まっている□□について、「どうしたいか？」と未来質問で考えを聴く

・△△については、アドバイスをする、一緒にやってみるか提案をする

・サポートしてほしいことはないか聞く

【面談時のチェックリスト】

1	話しやすい場、雰囲気を作る（雑談など）
2	フィードバック面談の目的を最初に伝える
3	GROW モデルに沿って話す
4	次にはしっかりと取り組むという、部下からの意思をもらう（コミットメント）
5	部下から話すように、言葉を引き出す
6	人間性ではなく、事実・行動として伝える
7	自信を持って、自分の意思で伝える
8	うなずき、アイコンタクト、バックトラッキングなど、相手が話しやすい傾聴をする
9	はい、いいえのクローズド Q ではなく、考えて言葉を発するオープン Q で質問する
10	承認は、YOU メッセージだけではなく、I メッセージ、WE メッセージで伝える

評価基準は奇数？ 偶数？ 数字？ アルファベット？

運用の話というよりは制度の話になりますが（うまく運用したいからつくる制度なので、本題から外れているわけではないのですが）、評価の基準の決め方について触れておきましょう。それなりに効果に違いがあったりするからです。

評価点のつけ方で一番多いパターンは「5・4・3・2・1」という数字による5段階評価でしょう。これは真ん中の基準（3）があるため、評価がしやすいというメリットがあります。一方で、一通りできている人も、少しだけ課題がある人も、同じ「3」の評価になってしまうというデメリットもあります。

これも評価制度の「目的」によって変わるものと思いますが、人材育成を目的にした場合は、やはり課題があるのに真ん中の評価点をつけてしまっては、その課題を認識しないままになってしまうかもしれません。

そこで、個人的には奇数の評価基準は使わずに、真ん中のない偶数評価（たとえば4段階や6段階評価など）を用いて、目標をクリアしたら必ず真ん中より上の評価点をつけ、「いいね！」と認めて、逆に課題があったら必ず真ん中より低い評価点をつけ、「ここが課題だよ！」と指摘するほうがよいと思っています。

また、数字ではなくアルファベットの評点をお勧めします。数字だと簡単に合計点を計算でき、合計点が低すぎたら高くしたり、高すぎたら低くするなどの「逆算化傾向」が起こりやすいからです。

一つひとつの項目に対して、クリアしているのか課題があるのか、を明確に評価することで、より動機づけや課題認識の目的につなげられます。制度そのものの話なのでコラムに書きましたが、どのように運用するのかを想定して評価制度をつくることをお勧めします。

6章

中小企業のための評価の反映のしかた

6-1

評価と賃金は連動させない!?

賃金が評価に連動するような制度でよいか

この章では、毎年の運用のなかで実施する評価結果にもとづく給与の決め方、賞与の決め方について、中小企業向けのお勧めの方法を解説します。

賃金の決定は、いわゆる処遇の決め方でもあるので、制度の構築部分でもありますが、ぜひ検討していただければと思います。

中小企業は大企業に比べて、思うようには業績は安定しません。また、外部環境から受ける影響もどうしても大きくなってしまいます。為替、戦争、感染症…。社員が頑張ったからといって、必ずしも業績に比例しないことがあります。

そんななか、中小企業が大手企業と同じように、定期昇給を前提とした賃金制度や、何か月分の賞与というような固定した支給制度にしてしまうと、結局は制度どおりには支給できずに、制度で決めた規定どおりには運用できないという事態に陥ってしまいます。

社員にしてみたら、約束されていたはずの昇給や賞与支給がなされない…と、頭では業績が厳しいのはわかっていたとしても、不満感が募る、ということが起きてしまいます。

もう一つ、上記のような固定額や昇給を前提とした制度の場合に、非常に多くの中小企業が行なってしまっている問題があります。それは「**評価結果を調整する**」というものです。

社員が頑張った、成果を出した、成長したという場合、個人の評価は高くなります。しかし、業績は厳しかった。それでも評価と賃金が完全に連動するような制度にしていると、「出せる給与や賞与の額に合わせて、評価のほうを調整してしまう」のです。次ページの昇給表で検証してみましょう。

◎昇給表のサンプル◎

等級	S2	S1	L2	L1	M2	M1
ピッチ	1,000	1,200	1,500	1,700	2,000	2,500
1号	170,000	200,000	240,000	290,000	370,000	430,000
2号	171,000	201,200	241,500	291,700	372,000	432,500
3号	172,000	202,400	243,000	293,400	374,000	435,000
4号	173,000	203,600	244,500	295,100	376,000	437,500
5号	174,000	204,800	246,000	296,800	378,000	440,000
6号	175,000	206,000	247,500	298,500	380,000	442,500
7号	176,000	207,200	249,000	300,200	382,000	445,000
8号	177,000	208,400	250,500	301,900	384,000	447,500
9号	178,000	209,600	252,000	303,600	386,000	450,000
10号	179,000	210,800	253,500	305,300	388,000	452,500
11号	180,000	212,000	255,000	307,000	390,000	455,000
12号	181,000	213,200	256,500	308,700	392,000	457,500
13号	182,000	214,400	258,000	310,400	394,000	460,000
14号	183,000	215,600	259,500	312,100	396,000	462,500
15号	184,000	216,800	261,000	313,800	398,000	465,000
16号	185,000	218,000	262,500	315,500	400,000	467,500
17号	186,000	219,200	264,000	317,200	402,000	470,000
18号	187,000	220,400	265,500	318,900	404,000	472,500
19号	188,000	221,600	267,000	320,600	406,000	475,000
20号	189,000	222,800	268,500	322,300	408,000	477,500
21号	190,000	224,000	270,000	324,000	410,000	480,000
22号	191,000	225,200	271,500	325,700	412,000	482,500
23号	192,000	226,400	273,000	327,400	414,000	485,000
24号	193,000	227,600	274,500	329,100	416,000	487,500
25号	194,000	228,800	276,000	330,800	418,000	490,000
26号	195,000	230,000	277,500	332,500	420,000	492,500
27号	196,000	231,200	279,000	334,200	422,000	495,000
28号	197,000	232,400	280,500	335,900	424,000	497,500
29号	198,000	233,600	282,000	337,600	426,000	500,000
30号	199,000	234,800	283,500	339,300	428,000	502,500
31号	200,000	236,000	285,000	341,000	430,000	505,000
32号	201,000	237,200	286,500	342,700	432,000	507,500
33号	202,000	238,400	288,000	344,400	434,000	510,000
34号	203,000	239,600	289,500	346,100	436,000	512,500
35号	204,000	240,800	291,000	347,800	438,000	515,000

評価	昇給
80点超	6号
70以上〜80未満	5号
60以上〜70未満	4号
50以上〜60未満	3号
40以上〜50未満	2号
30以上〜40未満	1号
30未満	―

評価と賃金が連動する硬直化した制度だと…
評価の「調整」をしてしまう

前ページのような昇給表は一般的によく使われているもので、社員のモチベーションを上げるために、このような表をオープンにしている会社も多いと思います。そのような制度がある会社では、以下のようなケースを本当に多く見かけるのです。

> M2等級で月給380,000円の社員Ａさんが、今期は頑張って81点の評価点を取った。表からだと12,000円の昇給へ。しかし業績はかなりの赤字のため、そんなには上げられない。半分の6,000円ぐらいだったらなんとか…。そこで、評価点81点を59点にする作業が始まります。
>
> Ｓ評価をつけた項目をＡ評価に、Ａだったのを３か所Ｂに…。よかった、よかった。何とか59点になった。

これは、何もよくありませんね。頑張った社員Ａさんの気持ちはどうなるでしょうか。

最終評価が出るまでは自他ともに今期はよかった、と評判だったのに、いざフタを開けてみたら、いつもと大して変わらない。「きっと評価が調整されているな」とわかるでしょうから、「この会社で頑張ってもどうせ…」となってしまうかもしれません。

このようなケースを本当によく見かけます。**「いくらにするか」ありき**で、評価を調整しているのです。モチベーションのために昇給表をオープンにして期待値だけ高め、結局このようなことをしてしまうと、社員の不満と無力感はどんどん増してしまうでしょう。

また、逆のケースもあります。中途で入社してきたS1等級のＢさんの評価をしたところ、課題が多く、できていないことばかりで、29点となった。昇給表からだと昇級なし。でも、これで辞めてしまっては困る…となって、2,400円ぐらいの昇給ならよいのでは、と評価点29点を40点にする調整が始まります。できていないＣ評価がＢ評価になり、ＢがＡとなり…。これもダメですね。これだと課題を認識しないまま、年齢ばかり重ねてしまいそうです。

6-2 評価と賃金を連動させないことによるメリット

適正な評価のしかたが実現できる

前項の調整を抜本的に解決する方法が「評価と賃金を連動させない」というやり方です。評価制度を行なう目的が「査定」ではなく、「業績向上」や「人材育成」であれば、決してナンセンスな話でもありません。この場合は「評価制度」とはいわないかもしれませんが、成果目標の達成やスキル向上の実現を目的にして、評価シートを使いながら運用していく制度になると思います。

評価と賃金を切り離すことで、成果を出して成長したのであれば、賃金は気にせずちゃんと「80点」をつけることができます。一方、できていない、課題が多いのであれば、やはり賃金を気にせずに堂々と「29点」がつけられます。頑張ったことを承認することによる「動機づけ」と、できていないことを認識して次期への成長に活かす「課題認識」という目的がしっかりと達成できるのです。

実際に、弊社で作成、構築したなかで、賃金とは切り離して実施してきたものはたくさんあります。

もう10年以上も前の話ですが、ある会社で、全社員を集めた制度説明会のときに、連動させない制度について話した際のことをいまでもはっきり覚えています。制度の目的や評価項目などについて説明しているときには、ずっと下を見ていた社員たちが、私が「**この評価は賃金には反映させません**」と話したときには、一斉にこちらを見たのです。きっと、この人は何をいっているのか、と思ったことでしょう。

しかし、制度の目的をしっかり伝えて理解してもらい、運用していくことができました。皆が成果目標やスキル向上に取り組むことで、顧客増加にもつながっていったのです。

6-3

ポイント制給与改定による反映のしかた

非常にシンプルで運用しやすい制度

評価と賃金を連動させないメリットについて説明しましたが、実際にはやはり、「適正な処遇」を決めるための評価制度も求められます。

「評価と賃金を連動させないメリットはわかった。しかし、実際にはどうしたら給与や賞与を上げていけるのかを示さないと、社員も不安なはずだ」というわけです。

これは、そのとおりです。しかし一方で、たしかに評価自体を変えてしまうのは本末転倒だということもわかる、といっていただくことも多いのです。

そこで、評価自体の調整はせずに、給与・賞与の決定には硬直化した号俸表などは用いず、業績連動という形で対応することができる**「ポイント制給与改定」「ポイント制賞与」**をお勧めしています。

まず、「ポイント制給与改定」制度から説明しましょう。

「ポイント制給与改定」のしくみ

①評価結果により、等級ごとに設定されたポイントを獲得
②会社が業績にもとづきポイント単価を決定
③「本人のポイント×ポイント単価」で給与改定額が決定

しくみだけでいえば、上記のような制度になります。非常にシンプルです。

実際の改定表と計算例で具体的に見てみると、次ページのようになります。

◎株式会社○○の「ポイント制給与改定」制度◎

- 基本給における賃金改定は、1年に1回実施
- 改定は毎年4月分の給与（5月15日支給）から反映させる
- 通期（前年4月～3月の評価）の評価結果から、下記の「給与改定表」にもとづいて、本人の「改定ポイント」を決定
- 期の業績にもとづき、賃金改定の「ポイント単価」（昇給ポイント・降給ポイント）が決定される
- 各人の「改定ポイント」×「ポイント単価」にて、改定額が決定される（ポイント単価は急激な貨幣価値の増減がない限りは、毎年100円～300円の間で決定する）

評価点	S2	S1	L2	L1	M2	M1
80以上	30	46	45	53	61	69
70以上～80未満	27	42	40	47	54	61
65以上～70未満	24	28	35	41	47	53
60以上～65未満	21	24	30	35	40	45
55以上～60未満	18	20	25	29	33	37
50以上～55未満	15	18	20	23	26	29
45以上～50未満	12	14	15	17	19	21
40以上～45未満	9	10	10	11	12	13
30以上～40未満	6	6	5	5	5	5
30未満	3	2	0	-1	-2	-3

【今期のポイント単価が200円の場合の計算例】

L1等級のAさんの今期の評価は58点。上記表から29ポイントを獲得。
「29ポイント×今期のポイント単価200円＝5,800円」の昇給。

上図は、評価と業績による給与改定です。一番の目的は「評価」はそのまま変えずに、会社の業績を反映させることです。単価を入れると全員分の昇給額がすぐに把握できるので、その上昇額で大丈夫かどうかを業績に合わせて確認できるようになります。

6-4 ポイント制賞与による反映のしかた

まず支給できる「賞与原資」を決めておく

給与改定と同じように、賞与に関してもポイント制をお勧めしています。こちらのほうがどちらかというと、一般的にも多く見られる制度で、多くの企業で同様な考え方にもとづく制度を導入しています。

こちらもやはり評価結果を「金額」に連動させるのではなく、「ポイント」に反映させ、ポイント単価が業績によって決まるというしくみです。ただし、賞与の場合はポイント単価をそのまま決める、というのではなく、まず「賞与原資」を決めて、そのなかで配分するという形をとります。

継続して支給する月額の給与よりも、賞与のほうは対象期の利益を配分して、その期のなかで完結するという性質があるからです。

「ポイント制賞与」のしくみ

①会社が業績にもとづき賞与原資を決定
②本人の基本給をもとにベースポイントを算出
③評価結果から、設定された表にもとづき係数を決定
④「ベースポイント×係数」により本人の賞与ポイントが確定
⑤「賞与原資÷全員の賞与ポイント」の合計で１ポイントあたりの単価を決定
⑥「ポイント単価×本人の賞与ポイント」で賞与額が決定

文章にすると複雑に感じるかもしれませんが、こちらもとてもシンプルです。次ページの具体例で見たほうがわかりやすいでしょう。やはり「評価」は変えずに、金額を業績連動にすることが目的です。

◎株式会社○○の「ポイント制賞与」制度◎

- 賞与は年に２回、６月（10月～３月の評価）と12月（４月～９月の評価）に支給する
- 半期の評価結果から、下表にもとづき係数が決定する
- 「本人のベースポイント（本人の基本給の上二桁）×係数」により、本人のポイントが確定する
- 全員分のポイントを合計し、半期の賞与原資から１ポイントあたりの単価を決定する
- 本人の賞与ポイントに決定したポイント単価を乗じて、本人の賞与額が決定する

評価点	S2	S1	L2	L1	M2	M1
80以上	1.25	1.25	1.5	1.75	2	2.25
70以上～80未満	1.2	1.2	1.4	1.6	1.8	2
65以上～70未満	1.15	1.15	1.3	1.45	1.6	1.75
60以上～65未満	1.1	1.1	1.2	1.3	1.4	1.5
55以上～60未満	1.05	1.05	1.1	1.15	1.2	1.25
50以上～55未満	1	1	1	1	1	1
45以上～50未満	0.95	0.95	0.9	0.85	0.8	0.75
40以上～45未満	0.9	0.9	0.8	0.7	0.6	0.5
30以上～40未満	0.85	0.85	0.7	0.55	0.4	0.25
30未満	0.8	0.8	0.6	0.4	0.2	0

【半期の賞与原資が1,000万円の場合の計算例】

- L2等級のＢさんの基本給25万円→ベースポイント25ポイント
- 今期の評価は63点。上記表から「25ポイント×1.2＝30ポイント」
- 全員分のポイント合計は「955ポイント」
- 「1,000万円÷955ポイント＝10,471円」がポイント単価。
- Ｂさんの賞与額は「30ポイント×10,471円＝314,000円」（100円未満四捨五入）。

6-5 ポイント制給与改定、ポイント制賞与のメリット・デメリット

ポイント制給与改定のメリット・デメリット

ポイント制給与改定のメリットは、大きく次の2つです。

①そのまま絶対値で評価できる

②支給額が業績に合わせて変動できる

一方、デメリットもあります。たとえば、以下のような話が出てくるかもしれません。

「去年同じS1等級で同じ62点をとったCさんは、5,500円昇給したと聞いています。なぜ私は同じ評価点で4,500円の昇給なのですか」

働く人からすれば、このように感じることがデメリットになると思いますが、この疑問には「成果を出した、成長したという評価は絶対評価で見ていきます。しかし、それが給与にどれくらい反映されるかは、そのときの業績によって支給できる人件費の総枠のなかで決まります。同じ評価であっても昇給額が同じとは限りません。個人の評価だけではなく、皆で業績を上げることが給与の上昇につながります」と正直にしっかりと回答しましょう。

納得する人、しない人が出てくると思いますが、中小企業はやはり業績によって昇給できないケースも出てきます。定期昇給やベースアップのある大手企業と同じような昇給制度をつくってしまうと、とたんに立ち行かなくなります。しかもモチベーションをあげようと133ページのような号俸表をオープンにして、そのとおりに昇給できればよいですが、滞ってしまったり、評価を調整してなんとか運用していると、社員の不満はどんどん増大してくるでしょう。

中小企業の処遇は業績と連動する、だからこそ皆で業績を伸ばしていこう——ということを明確に伝えて、理解・納得してもらうことをあきらめずにやっていきましょう。

ポイント制賞与のメリット・デメリット

ポイント制賞与にも次のようなメリットがあります。

①そのまま絶対値で評価できる

②必ず賞与原資のなかに納まる

一番のメリットは、何といっても原資額を絶対に上回らずに決定できることでしょう。これを昇給表と同じように、何点取ったら1.5か月分とか30万円などのように、賞与額を固定化すると、昇給と同様に立ち行かなくなり、評価の調整を一生懸命にやることになります。銀行から賞与用の融資を受けなくてはならなくなるかもしれません。

そして、評価自体を絶対評価でできることも大きなメリットです。動機づけと課題認識という目的のための評価制度を実施できます。

一方で、部下からは次のような不満も出てきそうです。

「皆で賞与を配分しているということですね。それじゃあ、社員数が少ないほうが１人分の賞与額は多くなりますよね。新しい人など増やさないようにしてもらえますか」

このような言い方をされるかどうかはさておき、原資を皆で分け合うという賞与の考え方は、まさしくそのとおりです。

このようなマイナス思考を払拭するためには、支給人数や基本給の合計額に合わせた賞与原資の決め方をしっかりと説明しておく必要があります。

「１人入社して、その人の基本給が30万円であれば、賞与原資のベースは引き上げます（逆もしかり）。社員数を増やすということは、それだけ売上・利益も増やしていくことが会社の使命なので、人の増減に合わせて賞与原資の基準額も変更しています」と説明していきましょう。

そして、実際にそのような原資の決め方をぜひ実施していきましょう。

期待値とモチベーション

「オープンな昇給表や賞与表をつくり、社員のモチベーションを高めましょう」ということは、ずっと以前から評価制度の当たり前の前提のようにいわれています。

しかし、私はこれがうまくいっているケースをあまり見ていません。これは、先に金銭的な条件を提示しているために、その額が明確に支払われる情報がないと、行動しなくなるという**「アンダーマイニング効果」**を引き起こしているからだと思われます。この前提は短期的なものであり、条件提示が必須となるモチベーションの上げ方なのです（ニンジンをぶら下げ続けなくてはならなくなる）。

本来、仕事が好きで仕事で成長できることにモチベーションを感じていた社員や、お客様からの「ありがとう」という感謝の言葉（フィードバック）にモチベーションを感じていた社員がいます。

それが「オープンな昇給表や賞与表」でモチベーションを上げようとしたがために、金銭だけの方向に条件づけられ、そのとおりに支給されればよいですが、中小企業では業績によって支給されなかったり、減額されたり、評価が調整されたりします。

モチベーションはどうなるでしょうか。モチベーションの方向を変え、期待値だけを高めたために、それまではなかった不満の要素をつくり出してしまっている評価制度がとても多い気がします。

「ポイント制給与改定」と「ポイント制賞与」は、会社業績によって金額は変動するので、最初は社員の期待値をあまり高められないかもしれません。しかし、頑張った結果として業績が上がり、その結果として処遇も上がった、という成功体験を皆で積むほうが、長期的なモチベーションにつながっていくと思っています。

そのためには、期待値を高めて動機づけすることよりも、業績を上げて昇給や賞与の原資を増やしていくことこそが、会社が使命として実践していくべきことなのではないでしょうか。

【期初】【期中】【期末】の研修内容と実施方法

7-1 評価者研修の実践のすすめ

評価者研修とは

この章では「**評価者研修**」(「考課者訓練」ともいいますが、同義語としてとらえて大丈夫です)の実践について、実際の資料を使いながら、流れにそって説明していきます。

評価者研修の考え方や、進行のしかた、気をつけるべきポイントなどは、本書掲載の資料をそのまま使って研修できるようにしています。評価の基準や「評価実践ワーク」などは、貴社もしくはクライアント先で導入している評価制度や評価シートを使用して、その部分だけカスタマイズしていただければと思います。

本書掲載の研修レジュメや使用するワークシートは、そのまま加工して使えるものを提供しています(Microsoft Officeのパワーポイントとワード、エクセルなど)。248ページにダウンロードアドレスを記載していますので、そこから入手されることをお願いします。

この章では、評価者研修のレジュメの進行にあわせて、それぞれのページについての解説と、本書で関連している章やページなどを記載しているので、ぜひ活用して研修を行なってみてください。

これまで何度も説明していますが、評価制度はツールなので、その使い方を学び、練習し、実践&復習していくことで、効果はまったく変わってくるのです。

評価者研修の実施時期

評価者研修を実施するタイミングは次の3回ほどあります。

① **【期初】の目標設定時**

② **【期中】の真ん中あたり**(行なっていない場合も多い)

③ **【期末】の評価実施時**

主に評価制度の考え方や【期初】の目標設定に関する研修を行ないます。４時間ほどのカリキュラムにしています。

少し中だるみが起きる期間です。動機づけや【期中】の記録などの進捗確認を行なうミーティングとコミュニケーションに関する研修です。２時間ほどのカリキュラムにしています。

評価の付け方に関する研修とフィードバック面談のしかたが中心の研修です。3.5時間ほどのカリキュラムにしています。

評価期間を半期で行なっていても、６か月の長期間です。どうしても中だるみが起きやすく、また【期中】の振り返りやコミュニケーションなど、ちゃんとやっているところとそうでないところの差が出てきます。

これを解消するためには、【期中】に評価者を集めてミーティング＆研修を実施することはとても大切です。

また、【期末】の評価実施時の研修は、一般的には評価を実施する直前に行ないます。しかし、評価をしたあとに振り返って研修をする場合もあり、このほうがより自身の評価のしかたがどうだったのかという振り返りと気づきの面で効果が高い場合もあります。

半期の期間内に３回の研修を行なうのがベストで、できれば最初の１～２年は必ず毎半期ごとに実施していくようにしましょう。繰り返すことで研修内容が身につきます。

その際には、ワークの事例などを変えて実施していくとよいでしょう。

7-2 評価者研修の形式と準備資料

評価者研修の形式

評価者研修は聞いて終わるものではなく、考えて書いて発表し、共有するというワーク中心の研修になります。そのため下図のようなテーブルの配置で行ないましょう。

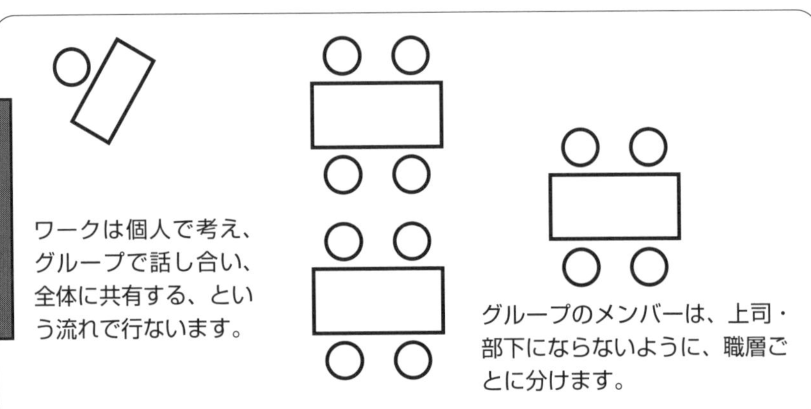

いわゆる「島形式」といわれるもので、４〜６名ぐらいで評価者のグループをつくります（人数が少ない場合は３名×２などでも大丈夫です。全部で５人以下なら一つのグループで実施しましょう）。

また、オンラインで研修する場合は、オンライン配信のシステムのブレイクアウトルームなどの機能を使い、グループごとの話し合いができるようにします。考えてアウトプットすることは、研修においては非常に重要で必須です。身につく度合が大きく変わります。

研修中に行なう話し合いに関しては、必ず**「個人で考えて記載する」→「それを話し合う」**という形を取ります。いきなり「話し合ってください」というと、最初の意見の範囲でしか話は出てきません。グループに上の立場の人が入っている場合は、その人の主張に迎合するような話し合いになってしまいます。そこで、個人で書いたものを皆で見ながら話し合いをする、という形をお勧めします。

評価者研修の準備資料

自社で研修を行なう場合も、クライアントに対して講師という形で行なう場合も、事前に用意しておく資料と設備を確認しておく必要があります。以下のチェックリストを参考にしながら研修実施前までにチェックシートを作成し、確認しておきましょう。

【資料05】

株式会社○○○○様　研修事前チェックシート				
研修概要				
研修名	評価者研修			
研修日	2022/9/1			
研修時間	13:00開始　17:00終了			
事務局連絡先	根亜瑠子様　○○○-○○○○-○○○○			
退出時刻	研修終了後			
研修場所	東京都・・・社　会議室A			
研修備品宛先	同上			
受講者	管理職層(部長/課長)　別途名簿あり			
講師	榎本　○○○-○○○○-○○○○			
会場レイアウト	島形式　1グループ5名　×　3			
注意事項				
昼食時間	-			
準備物		数	弊所	御社
印刷類	研修レジュメ(出席者＋余部5)	20		○
	研修ワークシート(通し)	20		○
	研修ワークシート(ミニ評価)	20		○
	研修ワークシート(ミニ評価・解答)	20		○
	研修ワークシート(目標設定・解答)	20		○
	フィードバック面談時チェックリスト	20		○
	評価者研修振り返りチェックリスト	20		○
備品	名札	15		○
	座席表※各テーブルに1部+講師用	4		○
会場備品類	PC(講師用)	1	○	
	プロジェクター、スクリーン	1		○
	レーザーポインタ	1	○	
	ホワイトボード	1		○
	延長コード(PC、プロジェクター、電源が届かない場合)	2		○
受講者事前準備	筆記用具	-		○
	部下評価シート	-		
	参考書籍	-		
	電卓	-		
	前回レジュメ	-		
その他				
資料郵送先				
宿泊先				
振返りミーティング	研修終了後			

7-3 研修を通してのポイント

研修参加者には前向きに取り組んでもらう

私はいままでに、人前で話す仕事を数多く行なってきました。講演、セミナー、本書の評価者研修等々です。そのなかで、企業における研修に関しては、他の話す仕事とは決定的に異なる点があります。

それは、「**参加者が前向きでない**」ということです。

興味があって自ら参加したのではなく、会社からいわれて、いやいや参加…、という人が残念ながら多いのです。

もちろん、皆が皆そうだというわけではありませんが、どうしてもその傾向は強くなってしまいます。

特に、評価者研修となると、対象は忙しい管理職の人たちで、しかも会社内では"偉い"人なのです。

受講者との間には、ちょっと壁があるところからスタートするのが評価者研修だということを、あらかじめ心得ておくとよいでしょう。

そこで、いかに最初に研修に関心をもってもらうか、ということがとても重要になるので、「ぜひともあなたの協力が必要不可欠です」ということを伝え、研修に前向きに取り組んでもらわないといけないのです。

評価者研修は、知識やスキルを身につけてもらうだけではなく、評価制度の今後の浸透に関する理解者を増やす、という大事な位置づけのものでもあります。

研修を通して何度も顔を合わせ、信頼を得て、ふだんの制度運用を浸透させてもらうこと――この目的も評価者研修で果たしていかなければならないのです。

7-4 目標管理研修（期初）の概要

　では、実際の研修に入っていきます。【期初】は主に目標設定の研修です。下図は研修カリキュラムのシートです。時間配分などはあくまでも目安ですが、進行する際の参考にしてください（エクセル版で実際のスタート時間などに合わせて修正可能です）。

【資料06】

評価者研修（期初の目標設定）カリキュラム

開始	終了	頁	テーマ	時間	ツール・演習
13:00	13:05		会社代表ご挨拶、研修説明	0:05	
13:05	13:10		研修目的・進行説明、講師自己紹介	0:05	
13:10	13:12	1	木こりの話	0:02	
13:12	13:14	2	本日の研修内容	0:02	
13:14	13:19	3	人事制度の目的は？	0:05	ワークシート
13:19	13:20	4	当社の人事評価制度のもたらすもの	0:01	
13:20	13:25	5	「運用がうまくいく」とは？	0:05	ワークシート
13:25	13:30	6	人事評価制度はなぜうまくいかない？	0:05	ワークシート
13:30	13:32	7	うまくいかない原因①	0:02	
13:32	13:34	8	人事評価制度のもたらす5つの効果	0:02	
13:34	13:35	9	うまくいかない原因②	0:01	
13:35	13:37	10	力の配分を間違えている	0:02	
13:37	13:39	11	育成と納得度が大きく変わる	0:02	
13:39	13:40	12	うまくいかない原因③	0:01	
13:40	13:42	13	評価者に必要な3つのスキル	0:02	
13:42	13:44	14	目標設定のスキル	0:02	
13:44	13:46	15	期中の観察スキル	0:02	
13:46	13:48	16	評価コメントのスキル	0:02	
13:48	13:48	17	目標設定研修	0:00	
13:48	13:50	18	目標設定研修	0:02	
13:50	13:55	19	目標をつくることの目的は？	0:05	ワークシート
13:55	13:57	20	目標管理制度（MBO）	0:02	
13:57	13:59	21	年始の目標、実現できる人は？	0:02	
13:59	14:01	22	「重要度」と「緊急度」のマトリックス	0:02	
14:01	14:03	23	少し先への行動は、大抵の人はできない	0:02	
14:03	14:05	24	達成した人たちは何をしていたのか	0:02	
14:05	14:15		休憩	0:10	
14:15	14:15	25	目標の作り方	0:00	
14:15	14:16	26	目標の作り方のポイント	0:01	
14:16	14:18	27	目標の作り方①　具体的に設定する	0:02	
14:18	14:20	28	目標の作り方②　SMARTチェックを活用しよう	0:02	
14:20	14:35	29	ワーク　変換してみよう	0:15	ワークシート
14:35	14:37	30	具体的な言い方への変換例	0:02	
14:37	14:39	31	目標の作り方③　NGワード	0:02	
14:39	14:41	32	目標の作り方④　ゴールとプロセス	0:02	
14:41	14:43	33	目標設定⑤　連鎖性と網羅性	0:02	
14:43	14:45	34	目標設定⑥　ゴールへのコミットメント	0:02	
14:45	15:35	35	次の部下の目標をチェックしよう	0:50	ワークシート
15:35	15:35	36	ここでポイント！	0:00	
15:35	15:37	37	目標設定には、練習と慣れが必要！	0:02	
15:37	15:47	38	よくあるQ＆A	0:10	ワークシート
15:47	15:57		休憩	0:10	
15:57	15:57	39	期中のマネジメント	0:00	
15:57	15:59	40	期間の観察	0:02	
15:59	16:01	41	サポートシートの活用	0:02	
16:01	16:06	42	サポートシートの内容	0:05	サポートシート
16:06	16:08	43	期中の観察は大変・・・	0:02	
16:08	16:10	44	ほったらかしにしないように	0:02	
16:10	16:10	45	目標を作ってみましょう	0:00	
16:10	16:50	46	今年の目標の設定	0:40	手引き、演習シート
16:50	16:55	47	研修振り返りシート	0:05	
16:55	17:00		質疑応答など	0:05	
				4:00	

7-5 目標管理研修（期初）の内容

左ページに該当するスライドページ、右ページに簡単な解説をつけました。実際に提供する研修資料（パワーポイント）のスライドにも同様の解説を入れていますので、参考にしてください。

【資料07】

株式会社〇〇〇〇様

評価者研修（考課者訓練）

令和　年 月 日

HR・Consulting MillReef inc.

講師：榎本あつし

研修スタート！・・・その前に

【木こりの話】

ある日の朝、あなたが森の中を歩いていると、奥のほうで汗を流しながら一生懸命に斧で木を切っている木こりを見かけました。

「何をしているのですか？」と、あなたは聞きました。すると、

「見ればわかるだろう。この木を倒そうとしているのさ。」

あなたは、夕方の帰り道にまた同じ場所を通りかかりました。
すると、朝と同じ場所でまだ一生懸命に木こりが木を切り続けていました。
あまり作業が進んでいないようです。あなたは、木こりに声をかけました。

「大変ですねえ。あまり作業が進んでいないようですが、
少し休んで、ついでに斧の刃を研いだらどうですか？」

すると木こりは言いました。
「なに言ってんだ、そんな暇なんて無いさ。切るだけで精一杯なんだから。」

1

右ページでは、左ページのスライドに合わせて、どのようなことを研修で伝えたらよいのかについて、簡単に解説していきます。

（表紙）

研修の最初は経営者もしくは人事責任者からの挨拶があり、制度の目的を説明してもらうことが一般的です。

最初に５分ぐらいの時間を取って、評価制度は大事な取り組みであること、研修の重要さも伝えてもらうようにしましょう。

【木こりの話】

本題に入る前に心構えの話をします。「忙しくて斧を研ぐ暇がない」という、切れない斧で生産性の低い仕事を続けているという陥りやすい仕事のしかたにならないためのたとえ話です。「研修は斧を研ぐ時間」として、ふだんの仕事に活かし、生産性を上げるための研修ということを伝えます。

具体的には、忙しいといっていまの仕事をこなすだけではなく、部下を成長させ、成果を出してもらうための知識とやり方の研修であるということを理解してもらいましょう。

本日の研修内容

●何のために人事評価に取り組むのか

●評価者に必要な３つのスキル

①目標設定のスキル
②期間の観察のスキル
③評価コメントのスキル

●目標設定

・何のために目標を作っている？
・目標が達成できない理由
・目標の作り方のポイント
・SMARTチェックとNGワード
・「ゴール」と「プロセス」
・ワーク：目標をチェックしてみよう
・目標をつくってみよう

●サポートシートと期中の面談

2

人事評価制度の目的は？

当社は、何のために人事評価を行っているのでしょうか？

再度、その目的を考えてみましょう。

◆個人で2分考えましょう
◆グループで5分話し合いましょう
◆最後にグループ同士で発表します

3

当社の人事評価制度のもたらすもの

評価者で共通認識を持っておく。

評価制度は手段であって、目的ではありません。

目的は何か。

人事評価を実施することで、どんな目的が

実現するのか。

ここでしっかりと、共有をしておきましょう。

4

【本日の研修内容】

目次で、本日の４時間の研修がどのような内容なのかを伝えます。これから受けていただく研修は、期初のスタートにやるべきことです。主に目標設定のつくり方がメインの研修で、立てた目標を期中にどのように進捗管理するのかの「マネジメント」も学びます。

【人事評価制度の目的は？】

ワークの実施にて考えてもらいます。ワークシートに個人で考えたことを記載してもらい、その後、グループで話し合い、代表者に発表してもらいましょう。

本来、目的は明確になっていないといけませんが、現状はそれができていないことに気づかせ、その大切さを伝えます。

【当社の人事評価制度のもたらすもの】

事前に、評価制度を作成・導入したときの「目的」を確認しておきます。文書などに記載されているものがあれば、スライドに加えるか別紙で見てもらうなどして、何のために評価制度を導入しているのかを皆に伝え、今後はしっかりと共通認識をもって、この「目的」のために取り組みましょうと伝えます。

「運用がうまくいく」とは？

人事評価制度は「運用」が大事。誰もがそう思い、
あまりここに異論はないかと思います。そこでご質問。

Q:「運用がうまくいっている」とは、具体的には、
どのような状態のことをいうのでしょうか？

◆個人で2分考えましょう

・提出日には誰も遅れず、滞りなく進んでいる
・不平不満がほとんど出ず、毎年ちゃんと回せている
・あまり手間がかからず、負担感を感じずにできている

※ではなく、ちゃんと「目的」の実現に近づいているかどうか

5

人事評価制度はなぜうまくいかない？

人事評価制度が、うまく機能しない原因は？

現状、どこに課題があるかを
考えてみましょう。

◆個人で2分考えましょう
◆グループで5分話し合いましょう
◆最後にグループ同士で発表します

6

うまくいかない原因①

①目的がはっきりしていない

何のために人事評価を行っている？

働いている人もその目的を理解している？

※3人のレンガ職人

7

【「運用がうまくいく」とは？】

重要なワークです。「運用がうまくいく」とは、滞りなく回っていることや、不平不満が出ないことと思いがちですが、それは手段がうまくいっているだけにすぎません。一番大事なことは、その企業の「目的」につながっているかどうかです。

手間もヒマもコストもかけて取り組む手段が評価制度です。手段だけうまくいって、ただやるだけという「形骸化」に陥りやすいので気をつけましょう。

【人事評価制度はなぜうまくいかない？】

ここもワークで考えてもらいます。「忙しくて他のことに気が回らない」「制度を理解していない」「評価の基準がバラバラだ」などの意見が出るでしょう。

この次のスライドから、どうしてそうなってしまうのかの「構造的」な課題を一緒に見ていきます。

【うまくいかない原因①】

大きな問題が３つほどあることを伝えますが、その第一は「目的」がわからずやっている、という状態に陥っているということです。

有名なレンガ職人の話をして「目的志向」を伝えましょう。

ただレンガを積んでいるのか、教会を建てているのか、町の人々に慈愛をもたらす仕事に取り組んでいるのか…。「目的」が明確かどうかで、工夫も質も行動量も、そして「やりがい」も大きく変わります。しつこく、目的の大切さを伝えましょう。

人事評価制度のもたらす５つの効果

「人事評価制度」は手段でありツールにすぎない

適正な処遇

社員の発揮能力や成果を明確にし、それに応じた処遇の決定をする

人材育成

「求められている能力」と、「現状」とのギャップを認識し、成長につなげる

共通のベクトル

理念や目標などを明確にし、皆がそれを目指して、同じ方向を向きながら進む

動機づけ

頑張る人、成長する人を見逃さず、認め、承認し、評価をすることで動機づけにつなげる

組織の目標達成

これら４つが実現し、効果を出していくことで、組織全体の目標達成に導く

8

うまくいかない原因②

②力の配分を間違えている

・期初は適当に始まる

・期間中は忘れている

・期末の時期にあわててやる

9

力の配分を間違えている

期初 目標	活動期間	評価
10	0	90
とりあえず期限までに提出する。（適当）	上司も部下も忘れている。	慌てて思い出しながら、印象や調整でお茶を濁す。

10

【人事評価制度のもたらす５つの効果】

評価制度は手段であり、ツールです。このツールを「ちゃんと」使うことで、重要で大きな５つの目的が実現します。

目的の最後の「組織の目標達成」は、その他の４つが実現した結果としてたどり着くもので、一足飛びには実現しないことを話します。その大きな組織の目的のために「適正な処遇」で社員が定着し、「人材育成」で毎年皆が成長し、「共通のベクトル」で同じ方向をめざし、「動機づけ」で主体的に行動する人を増やします。

その結果としての「組織の成果」ということを伝えましょう。

【うまくいかない原因②】

書かれている文章のとおり伝えても、なんとなく意味はわかってもらえます。この後の次の図でこの内容を詳しく伝えていきましょう。

【力の配分を間違えている】

評価制度というと、期末に点数をつけること、というイメージをもっている社員が多くいます。しかし本当は、「点」ではなく「線」の作業です。最初は適当、途中は忘れていて、最後だけに注力する状態について、全体100％に対し10％、0％、90％という配分で表わしています。特に、業績向上や成果が大事であれば、期中に何もやっていないのに終わってから点数だけをつけることには意味はありません。このバランスを変えることを伝えます。

育成と納得度が大きく変わる

目標設定	活動期間	評価
30	50	20
最初に何をやっていくのか明確にする。 レベルも合わせる。 コミットをする。	期間中に確認をする。 承認をする。 指導をする。 一緒に考える。 記録を残す。	最後はまとめ。 最初と中間でしっかりやっていると、納得度が高まり、育成につながる。

11

うまくいかない原因③

③慣れていない

・半年や一年に一回の作業
・めったにやらない
・知識も教わっていない
・練習もしていない
・指導もしてもらっていない

※本日の研修でやること

12

評価者に必要な3つのスキル

①	②	③
目標設定のスキル（期初目標）	期中の観察スキル	評価コメントのスキル
主に人材育成につながる	主にモチベーションにつながる	主に納得性につながる

13

【育成と納得度が大きく変わる】

力の入れ方の配分を30%、50%、20%に変える運用をすることを伝えます。しっかりと目標をつくり、それを期間中に進捗管理しながら取り組み、頑張っていたら承認して動機づけを図り、やっていないようだったら指導してやってもらいます。

そして、その記録があれば、最後はお互いにそれを見ながら振り返るだけで、評価に苦労はしなくなります。納得性が大きく変わり、成果や成長にもつながるのです。

【うまくいかない原因③】

うまくいかない原因の最後です。圧倒的に「やっていない」ために慣れていないだけだということを伝えます。

ふだんの仕事と同様、やり方を学び、練習して実践し、復習することで「慣れる」のですが、何もしないまま半年に一度「自分なり」にやっているだけの評価制度が多いのです。これでは当然、うまくいきません。納得もできません。

でも、慣れることによる伸びしろは大きく、そのための研修であることを伝えましょう。

【評価者に必要な3つのスキル】

よく「評価者のスキル」といわれますが、具体的にはよくわかっていないケースも多いのです。そこで具体的には、運用の時期に合わせて3つのスキルが必要だと伝えましょう。

それぞれの内容についてはこの後のスライドで見ていきます。大事なのは、何につながるかという、そのスキルの目的です。

目標設定のスキル

目標設定のスキル（期初目標）

・期の始まりに、被評価者の**目標をチェック**したり、被評価者の評価項目をしっかりと把握できているか。

・設定した目標が、期の終わりに本当に**評価できる**ようになっているか。

・その目標が、組織の**目標につながる**ものであるか。

・「今期はこれをやります！」という、**コミットメント**を行っているか。

14

期中の観察スキル

・評価項目を**評価期間中**にどれだけ観察できているか。

・部下の行動、実績などの**事実**を記録して残しておくことができているか。

・「**見ているよ**」ということが相手に伝えられているか。

・他の優先事項に埋もれないような、**観察の仕組み**を作れているか。

期中の観察スキル

15

評価コメントのスキル

評価コメントのスキル

・**どうしてこの評価点**なのか？を、明確に伝えられているか。

・人間性を評価するのではなく、**行動・事実**を評価できているか。

・**求めるもの、足りなかったもの**を、明確にコメントできているか。

・次期は何をしたら評価されるのか、**具体的な指示**ができているか。

16

【目標設定のスキル】

まずは、期初の目標設定のスキルです。具体的には、左のスライドの文章に書いてあることをそのまま伝えましょう。

この研修では、特にこの期初の「目標設定」について、この後にワークも交えて詳しく見ていきます。評価者に身につけてもらうための研修であることを伝えておきます。

【期中の観察スキル】

成果や成長、そして動機づけに一番重要なのは、この「期中の観察スキル」です。頑張っていることを上司が見てくれている、という成功体験が感じられる職場になっているかどうか。

ただし、期初、期末と異なり、期中には締め切りがなく、緊急度が圧倒的に低くなります。16ページ図の第二象限の奥深くに沈まないためのしくみをつくることが重要になります。

【評価コメントのスキル】

評価時のスキルについては、適正な評価をするためのスキルも重要ですが、それ以上に「コメントのスキル」が重要だということを伝えます。「私からしたら物足りないからC評価だ」といわれても誰も納得しません。しかも、期中にほったらかしの上司にいわれたらなおさらです。

事実として何が課題で、何をどうしたら評価がよくなるのか。課題解消を来期に必ず実現してもらうために、今回はC評価だということがいえるかどうか。評価コメントのスキルを研修で引き上げます。

目標設定研修

目標設定研修

・何のために目標を作っている？

・目標が達成できない理由

・目標の作り方のポイント

・SMARTチェックとNGワード

・「ゴール」と「プロセス」

・ワーク：目標をチェックしてみよう

・目標をつくってみよう

18

目標をつくることの目的は？

なぜ、仕事において目標をつくるのでしょうか。

その目的を考えてみましょう。

19

（目標設定研修）

研修のスタートから考え方を伝えてきましたが、このタイトルページからは、実際に今回の研修の目的である「目標設定」に入っていくことを伝えましょう。

【目標設定研修】

目標設定研修のなかで何をやっていくかを目次を読み上げながら伝えます。目標が実現できるかどうかは、やる気や意識も大事ですが、それよりも技術の部分が大きく、これをこれから身につけてもらう旨を伝えましょう。

【目標をつくることの目的は？】

ここで少しワークを実施します。

何のために毎年、目標をつくるのか。個人ワークで２分ほど考えてもらい、何人かに発表してもらってもよいでしょう。

このあとで説明しますが、「ノルマ」を課して数字をあげる「成果主義」ではないということ。それをわかってもらうためのワークです。

目標管理制度（MBO）

目標管理制度（MBO）

「MBO」

= **M**anagement **B**y **O**bjectives
and Self control

1954年にP.F.ドラッカーが自身の著書「現代の経営」の中で提唱した組織マネジメントの概念です。

「目標管理制度」 ＝ 「成果主義」 ×

20

年始の目標、実現できる人は？

●そもそも、うまくいかないもの。
米・スクラントン大学の2015年の調査によれば、
その「 ９２ 」％は未達成に終わっているとのこと。

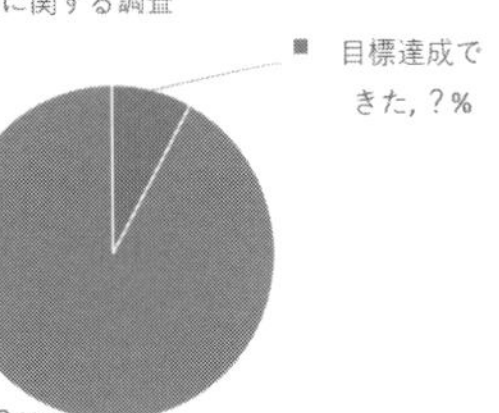

21

「重要度」と「緊急度」のマトリックス

緊急

業務
業務
業務
業務
業務
業務

第三象限
第一象限
第四象限
第二象限

少し先の目標

重要

22

【目標管理制度（ＭＢＯ）】

ドラッカーの目標管理制度（ＭＢＯ）の話をします。なぜ個人目標をつくるのかは、このドラッカーのＭＢＯを全員で実践していくためです。ただ職場に来て決まった仕事だけをするのではなく、「目標」を掲げ、計画をつくり、それをめざして個人がセルフコントロールして仕事をしていく。そのようなマネジメントを組織全員ができるようになることが目的です。

毎年、会社が目標を決めたら、当たり前のように皆がこれをめざす。その組織づくりのために行なうのがＭＢＯの取り組みなのです。

【年始の目標、実現できる人は？】

たいていの人は年始の目標が実現できないことをこの資料で伝えましょう。年始の目標は、明日結果が出ることではなく、少し先に継続した結果としてもたらされるものがほとんどです。そのため、後回しにして実現できません。会社の目標と同様な構造的な問題があるのです。

【「重要度」と「緊急度」のマトリックス】

有名な「重要度」「緊急度」のマトリックスです。

第二象限を制する人が成功することは個人も組織も同じであることを伝えましょう。どんなに忙しくても「毎日１時間勉強する」人が半年後の試験に合格できるのです。

先の目標は、いまやらなくても誰も困りません。その第二象限をいかに行動に結びつけるか。そのための上司であり、そのための期中のしくみがあることが大事なのです。

少し先への行動は、大抵の人はできない

人間（動物）は、遠くて不確実なものよりも、
近くて確実なものを選択していく。

ダイエット成功
資格試験に合格
試合に勝つ

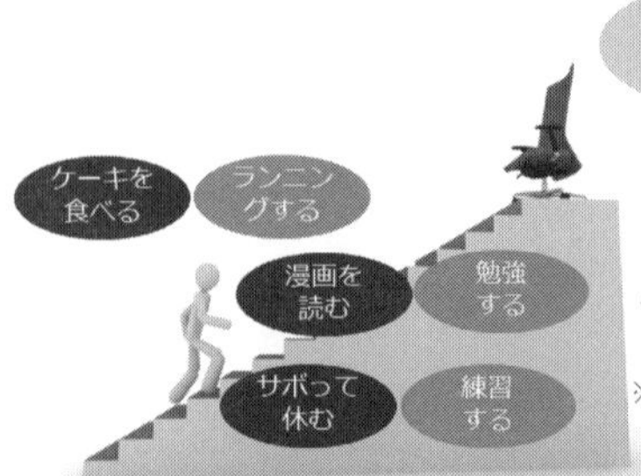

行動の直後の
結果を考えると・・・

※たまにできる人がいる。
なにが違うのでしょうか？

23

達成した人たちは何をしていたのか

米・「inc.com」の調査によると、
8%の達成した人たちは、
次のようなことをしているらしい。

新年の抱負に関する調査
目標達成できた, 8%
途中で挫折した, 92%

- 目標を具体的にして、かつ無理なく設定する。
- 一つひとつの目標を整頓すること。
- 達成に向けて、スモールゴールを作る。
- 進捗を報告しフィードバックを受けるサイクルを作る。
- 信頼できるアドバイザーを頼る。
- マルチタスクしない。

24

目標の作り方

【少し先への行動は、大抵の人はできない】

ダイエット（ターゲット目標）のためにはランニング（ターゲット行動）を続ければいいのは誰でもわかっています。でもランニングはサボり、ケーキを食べて（ライバル行動）しまうのです。

ランニングをしているときは、その直後は「つらい」「面倒くさい」「時間がなくなる」などの嫌なことがついて回り、ケーキを食べると直後の結果は幸せです。この問題を打破するためにはコーチなどの他者がマネジメントしてくれるしくみをつくることです。評価制度も同じ構造であることを伝えましょう。

【達成した人たちは何をしていたのか】

年始の目標を実現した全体の８％の人たちも、「気合でやった」という人は一人もいなくて、工夫してしくみをつくっていたことを伝えます。これこそが目標達成の技術なのです。

目標をつくる技術は、会社だけではなく人生においても有益なので、これを身につけるようにしましょう。

（目標の作り方）

ここらあたりで一度休憩をはさみ、次から目標の具体的な作り方に入る旨伝えます。

目標の作り方のポイント

① 具体的に設定する

② SMARTチェック

③ NGワード

④ ゴールとプロセス

⑤ 連鎖性と網羅性

⑥ コミットメント

26

目標の作り方① 具体的に設定する

次のような言葉が出てきたら要注意！

①仕事を効率的に行うように頑張る
②業務改善の提案が出るように推進していく
③部下の能力を向上させる
④アルバイトの勤怠管理を徹底する
⑤他部署との情報共有を強化する
⑥できる限り、自主的に動くように前向きに努める

27

目標の作り方② SMARTチェックを活用しよう

【SMARTチェック】

目標などの設定の際に気をつけることのチェック方法。
なかなか実現しない目標や、解決しない課題などは、
この方法でチェックをして見直してみよう！

- **S・・・「Specific」　具体的か？**
- **M・・・「Measurable」　測定できるか？**
- **A・・・「Achievable」　達成可能か？**
- **R・・・「Relative」　関連性はあるのか？**
- **T・・・「Time-bound」　期限はあるのか？**

28

【目標の作り方のポイント】

目次的なページです。これから具体的な目標設定の方法について、どのようなものがあるのかを伝えます。

【目標の作り方①　具体的に設定する】

このページに記載されているのはＮＧな目標です。

これを読み上げて、抽象的であいまいであることをわかってもらいましょう。最後の⑥はちょっとおおげさですが、何をするのかまったくわかっていないレベルです。

しかし、実際に目標をつくってもらうと、最初のうちはこのような例がとても多いのです。

最後の評価のときに、評価できそうかどうか、問いを投げかけてみましょう。

【目標の作り方②　ＳＭＡＲＴチェックを活用しよう】

前ページと行ったり来たりしながら、「ＳＭＡＲＴチェック」がクリアできているかどうかを見てもらいます。ほぼすべてがクリアできていないでしょう。

このＳＭＡＲＴチェックをほとんどクリアできていない目標は、実現可能性が低く、５つのうちクリア項目が多い目標は実現可能性が高くなることを伝えましょう。

ワーク　変換してみよう

先ほどの例であった、

「④アルバイトの勤怠管理を徹底する」

を、SMARTチェックをできるだけクリアするような形に
変換してみましょう。

29

具体的な言い方への変換例

①無駄な業務のチェックリストを作成し、そのチェックリストを毎日確認して、
毎月の報告書として作成する。

②現在の仕事の問題点などを毎週一つ書類で提出してもらう。
上がってきた人には、コメントを付けてフィードバック、ファイリングしていく。

③部下の評価シートの内容を毎日1分間振り返りミーティング。
期初と期末での状況を報告シートにて提出する。

④シフト表、出退勤表の通期一覧を作成し、コストと売上とのグラフを作る。
問題があるスタッフと個別相談を行い、遅刻や欠勤の数字を毎月チェックする。

⑤毎週単位で、他部署の定例ミーティングに参加し、その内容を
自部署に報告する。

⑥営業提案、経費削減提案を昨年の1.5倍提出する。また、毎日の
業務を指示を受ける前に実施、指示を受けた回数を記録する。

30

目標の作り方③　NGワード

「徹底する」	「強化する」	「理解する」
「把握する」	「推進する」	「向上する」
「改善する」	「共有する」	「良くする」
「意識する」	「心掛ける」	「努力する」
「頑張る」	「管理する」	「維持する」

「～しないようにする」　「～に気を付ける」

これらの言葉を使わずに、作成できるようになりましょう。
成果の実現にグンと近づきます。

31

【ワーク　変換してみよう】

ワークで抽象的なものについて「ＳＭＡＲＴチェック」をクリアできるように書き換えるワークです。２回目以降の研修を行なう際にはワークの選択を変えましょう。

個人ワーク、グループで共有、グループ発表などを行なうと知識の吸収が高まります。

【具体的な言い方への変換例】

ダメな例をよい例にしたものです。上記のワークの解答例にもなります。

具体的か、測定できるか、達成可能か、関連しているか、期限などを設定しているか、についてそれぞれ見てもらいましょう。そして、このようにつくると、期中の進捗管理がしやすくなることを伝えましょう。

「見える化」することでマネジメントがしやすくなるのです。

【目標の作り方③　ＮＧワード】

ＮＧワードのリストです。使いやすいがために乱発する言葉のリストともいえます。そして、これらは「逃げ言葉」といわれています。

たとえば、「100件達成」では逃げられなくなるので、悪意なく、意図的でもなく、「逃げ道」のある言葉を使ってしまうのです。そして、実現度が低くなることに陥ってしまいます。

ＮＧワードは使わないようにしましょう。

目標の作り方④　ゴールとプロセス

・「ゴール」と「プロセス」の書き分け

目標	達成基準	達成するための行動や手段
顧客満足度UP	毎年行っている顧客満足度指数を、昨年の80%から90%達成へ。	前年度低かったお客様にヒアリングをする。（6月まで） 高かったお客様で実施したことをレポートにまとめる。（7月まで） 社内で向上委員会を設置し、計画を立て実施していく。 接客研修を実施する。（8月まで）

※必要十分かどうか

ゴール
（取り組む目標と、その引き上げる状態）

プロセス
（途中の目標や手順）

・「ゴール」は「ToBe（～となっている）」達成基準
・「プロセス」は「ToDo（～をする）」行動や手段

※ゴールとプロセスがごちゃまぜにならないように注意！
※プロセスはゴールに対して必要十分かどうかをチェック！

32

目標設定⑤　連鎖性と網羅性

個人の目標設定は、組織の目標に
「つながっているか（連鎖性）」「足りているか（網羅性）」
をしっかり考える。

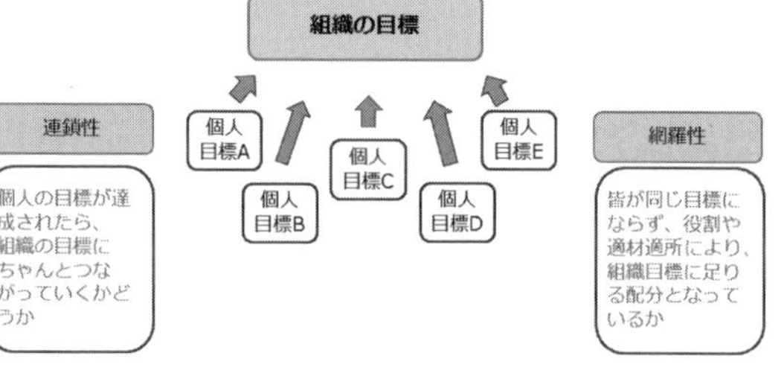

33

目標設定⑥　ゴールへのコミットメント

・組織の目標は何か。

・そのために「あなた（部下）」は何を目標設定するか。

・それはやりきれるか。

・前期の評価で明らかになった課題は何か。

・それを期の終わりに出来るようになるためには、何をしていったら良いのか。

・明確なゴールを持ち、合意してお互いに約束します（コミットメント）。

34

【目標の作り方④　ゴールとプロセス】

目標は「ゴール」と「プロセス」をセットにして設定します。ゴールは引き上げる状態である「ToBe」の表現になっていないといけません。プロセスは「ToDo」です。

そして、プロセスはゴールに対して必要十分な内容かどうか。この２つがごちゃ混ぜにならないようにつくれる技術が重要になります。

【目標設定⑤　連鎖性と網羅性】

連鎖性はあまり間違えずにできますが、少しレベルが上がったら網羅性も見ていきましょう。

皆の目標が「新規顧客の獲得」だけなどと、同じ目標ばかりにならずに、適材適所も考え、偏り過ぎていない構成で網羅されているでしょうか。

組織のリーダーは、これを考えることも重要な役割です。

【目標設定⑥　ゴールへのコミットメント】

適当に流すのではなく、きちんと自分事として、コミットメントしてもらうことを押さえているかどうか。しっかりとつくった目標に対する、本人の意思確認をしましょう。

コミットとは、決意して約束することです。本人だけではなく、上司もコミットすることが大事です。

次の部下の目標をチェックしよう

下記のような目標を部下が作ってきました。上司である
あなたは、これをチェックして、適切な目標に修正しましょう。

◆個人で12分考えましょう
◆グループで10分話し合いましょう

【今期の組織目標】
・売上10%増　・チームの残業時間の25%抑制

【部下が提出してきた目標】

目標	達成基準	達成するため 行動や手段
①売上増	個人の売上を10%以上伸ばす	お客様に喜ばれるように、印象を良くする。
②残業抑制	労務管理のセミナーを受講する	周りの人員に、無駄な時間を過ごさないように注意して、チームの残業時間を合計100時間分減らす。
③ダイエット	現状より5kg減らす	週3日ジムに通う。毎日体重計に乗り、グラフをつくる。毎月単位で、1kg減できるように記録していく。

35

ここでポイント！

目標設定には、練習と慣れが必要！

最初から適切な「目標」を部下は作れません。

なぜなら、やったこともないし、知識もないし、
慣れてもいないからです。

ただし、どのように作るかをしっかり教え、
数回チェックを繰り返すことで、「適切な目標」
を作れるようになります。

※必ず上司・部下で話し合いましょう！

37

【次の部下の目標をチェックしよう】

この研修で一番ボリュームのあるワークです。

部下がつくってきたという想定の３つの目標がありますが、それぞれ内容に問題があります。それを考え、修正してもらうワークです。ここまでの研修資料を見ながら取り組んでもらいましょう。

個人で考え、グループで共有し、発表するワークです（解答例は特典のダウンロードにてご確認ください）。

（ここでポイント！）

上記ワークの解答例を配り、解説した後に、「このようなことができるようになることがスキルです」と伝えましょう。

センスなどではなく、知識と練習、実践で誰もが身につくスキルであることを伝え、これを繰り返していくことで組織全体の目標が達成できることをめざしていきましょう。

【目標設定には、練習と慣れが必要！】

最初から適切にはつくれませんが、このワークのように、何度か繰り返して、つくり方のポイントを教えていくと、最初からつくれるようになります。出てきた目標に対して、「適当」なまま進めるのではなく「適切」にできるようにスキルを身につけましょう。

また、書き方だけではなく、難易度・方向性についても上司・部下で確認しましょう。

よくあるQ&A

ワーク⑦

Q：私は数字を持たない部署にいます。
どのような目標をつくったらよいのでしょうか。
→何か新しいものを創る、定着させること
→ルーティンワークであれば、毎年できずに困っていること
→ゼロ目標、100%目標はその際の評価をどうするか決めておく

Q：私の仕事は3年ぐらいかけて結果が分かる仕事です。
3年後の目標を書いたらよいのでしょうか。
→マイルストーンは必ず設定。1年で達成できるレベルで。

Q：目標のレベルはどれくらいが良いのでしょうか。
チャレンジするのか、必達なのか。
→どちらでもOK！ただし、どちらかを記載しておく。
どれくらいの結果だったら、何の評価になるのかを決めておく。

38

期中のマネジメント

期間の観察

だいたい、やらなくなる。
毎日の業務に忙殺され・・・

40

【よくあるQ＆A】

目標設定の際に実践していくと、よく出てくる質問のワークです。回答を考えてもらい、その後、回答例を示しましょう。

その場では実感がないかもしれませんが、非常に多く出てくる質問です。

(期中のマネジメント)

休憩をはさみ、立てた目標を実践していく「期中のマネジメント」に入っていくことを伝えましょう。

【期間の観察】

左のスライドは、年間の目標は期中の忙しさに負けてしまうということを表わした図です。この研修時には、大事なことだからやっていこう、と思っているかもしれませんが、職場に戻ると、たくさんの業務があり、だんだん後回しになってしまうものです。

それに負けずに、第二象限を第一象限にぐっと引き上げるしくみが必要なのです。

サポートシートの活用

「サポートシート」を作成して、ルーティンとしての
期間中チェック＆フィードバックを仕組み化します。

このサポートシートを活用し、期間中のマネジメントをすることで、
人事評価制度がその目的通りにしっかり機能します。

（例）毎月2回、本人より提出します。上司がそれを見ながら、
赤ペンで返したり15分程度の面談（気軽に職場でのデスクまわり
等で構いません）を実施します。

41

サポートシートの内容

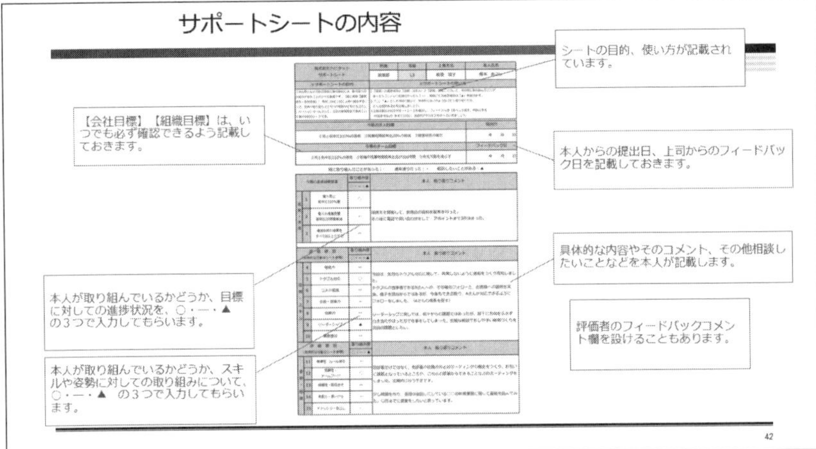

42

期中の観察は大変・・・

慣れていないから大変に感じる。
それに、例え大変でも効果が出る取り組みをするべき。

【メリット】

- 期の途中から育成につなげられる
- 最後の評価までに、記録の材料ができる
- そのため、納得性が高まる
- 上司と部下とのコミュケーションが増える
- 社長、人事も進捗が確認しやすくなる

※期中の観察は、固定の必須業務として、
仕組みにしておかないとできない。

43

【サポートシートの活用】

期中の取り組みがどうしても後回しになってしまうことに対して、「サポートシート」というツールを導入します。

なお、これは「Ａ４一枚評価制度」のしくみです。貴社やクライアント企業に合わせて、別のしくみを考えたり、設置している場合は、研修ではその内容を伝えてください。

【サポートシートの内容】

Ａ４一枚評価制度で実践しているサポートシートの内容のページです。上記同様、別のシートを使う場合には、そのシートの解説ページにカスタマイズしてください。

ちなみに、サポートシートは、評価をするのではなく、自身の振り返りが目的のツールで、それを上司がサポートするのだということを伝えましょう。

【期中の観察は大変…】

新しい制度を導入すると、ただでさえ忙しいのに…という話が必ず出てきます。慣れるまでは大変ですが、定着したら多くのメリットがあること、そして職場で当たり前の遂行事項になったら、そう大きな負担ではなく、皆が前向きに取り組めるツールになることを伝えます。

ほったらかしにしないように

観察がない場合でも、査定はできる（でもエラーだらけ）。
育成のために、気づいてもらう機会を多くしていく。

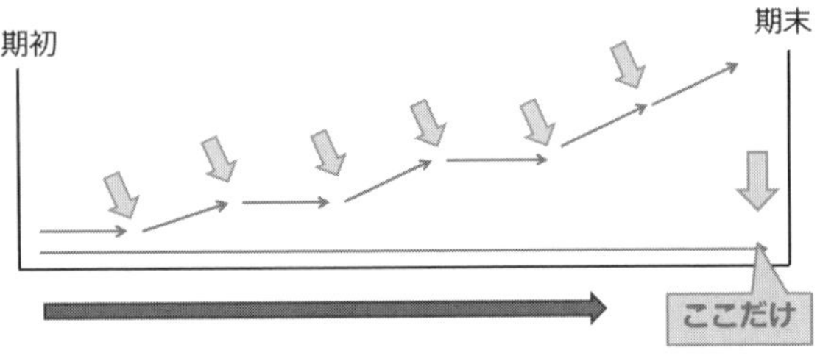

44

目標を作ってみましょう

今年の目標の設定

【実践】
今から1年間、それを目指し、日々取り組んでいく自身の目標をつくってみましょう。
まずは会社目標・組織目標を確認しましょう。
そして今日の研修の内容を活かして実践です。目標設定と、それを本当に実現するスキルを身につけていきましょう。

※目標設定の手引きと評価シートを
手元に用意します。

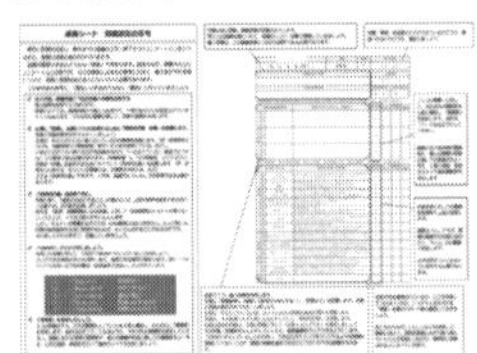

46

【ほったらかしにしないように】

お互いに忘れて、何もしないでいると、図の下のほうにある横一直線のように変化なしになります。

そこに斜め矢印の機会を、期日を決めてつくることで、それに向けて緊急度が高まり、行動につながります。上司は、部下が頑張っているか、サボったり悩んだりしているのかにも気づく機会になります。ぜひ定着させましょう。

（目標を作ってみましょう）

時間次第ですが、ぜひここで実際に目標設定に取り組んでみましょう。そのためにこの時間を確保した研修にしていくと、より効果が出ます。

【今年の目標の設定】

研修の最後に、ここまで学んだことを活かして、実際に個人目標をつくってもらうようにします。知識もフレッシュなので、この段階でつくると精度が高まります。

また、A３一枚の手引き（182ページ参照）も用意していますので、それを配布して見てもらうようにします。

目標設定ができた人から持ってきてもらうなど、添削することも効果的です。上司との話し合いもこの場でできます。

本日の研修はこれで終了です。

最後に「研修振り返りシート」を
記入しましょう。

研修が終わったら、最後に振り返りシートを書いてもらうようにしましょう。

「評価制度の目的は？」
「研修で気づいたことは？」
「自身でやっていくことは？」

などについて資料を見返しながら、振り返ってもらうことで、研修の内容がより定着していくことになります。

なお、「振り返りシート」については、そのフォーマットを他の資料と同様に提供していますので、カスタマイズしてご使用ください（229ページ参照）。

「目標設定の手引き」の活用

研修後は、研修全体の時間枠のなかで実際に目標を設定してもらいましょう。講師がいる場合には、終わった人から持ってきてもらい、添削をしたり、上司がいる場合は難易度や方向性の確認をその場で行なっておくと、非常に精度も高まり、効率的に目標がつくれるようになり

目標設定の手引

期初に目標を設定し、期末までに組織の上司・部下でコ
ながら、実際に成果に結び付けていきます。
目標が達成できるかどうかは「技術」で決まります。設
ュニケーションの取り方、などの技術によるもが非常に大
につけて、実際に成果を出せる人になっていく必要があり
この手引きを参考に、「適当」に作るのではなく「適切」

① **会社目標、組織目標につながる個人目標を設定する**
個人目標は全部で３つあります。
部署によっては、組織目標から落とし込まれて、一部があ
ケースもあります。それ以外の目標に関して、自身で目標

② **左側に「達成基準」、右側に達成するための「具体的行動**
左側と右側の書き方をマスターしましょう。
左側は、今よりどれくらい良くなっているかの目標の「達
（例：売上が〇〇円、労働時間〇〇時間削減、新システム
達成基準ですので、～となっている、英語では「to be」で
ます。（売り上げ　is　〇〇円　というように）
右側は、「達成基準」にするためにやっていく「具体的行
訪問を〇〇件する、セミナーを受講する、手順書を作成す
体的行動」ですので、～する、英語では「to do」での表

③ **「具体的行動」は必要十分に。**
右側に書く、「具体的行動」は、左側の基準を達成するた
を記載しましょう。
例えば、「達成基準：労働時間の 10%削減」に対して「労
る」ということが、一つだけ書かれていたとします。
しかし、セミナーを受講するだけでは、10%削減には近づ
目標の達成基準を本当に実現するための、たくさんのやる
それをしっかりと考えて、記載していきましょう。

④ **「SMART」チェックをしましょう。**
作成した目標に対して、下記の「SMART チェック」をし
クリアできる項目が多ければ多いほど、達成できる確率か
クリアできないような目標は、ほぼ達成できない、といわ

S・・・「Specific」　具体的か？
M・・・「Measurable」　測定できる
A・・・「Achievable」　達成可能か
R・・・「Relative」　関連性はあ
T・・・「Time-bound」　期限はある

⑤ **「重要度」を設定しましょう。**
３つの目標のうち、どれが重要かということを上司と相談
を設定します。３つで 100%になるように、それぞれの
ください。組織における目標の重要度や、個人の課題や成
く考え、上司と相談、承認をもらって最終ウェイトを決定

ます。

評価制度を導入してから数年経ち、研修を実施しなくなったとしても、必ず以下のような手引き（研修の要素を詰めて下図のようにＡ３一枚におさめたもの）を用意し、「その場型」で時間枠をつくって、10分程度で読み合わせをして、その場で目標をつくるようにしましょう。

なお、手引きの内容については、実際に使っている評価シートや目標シートに合わせて適宜修正、カスタマイズしてご活用ください。

【資料10】

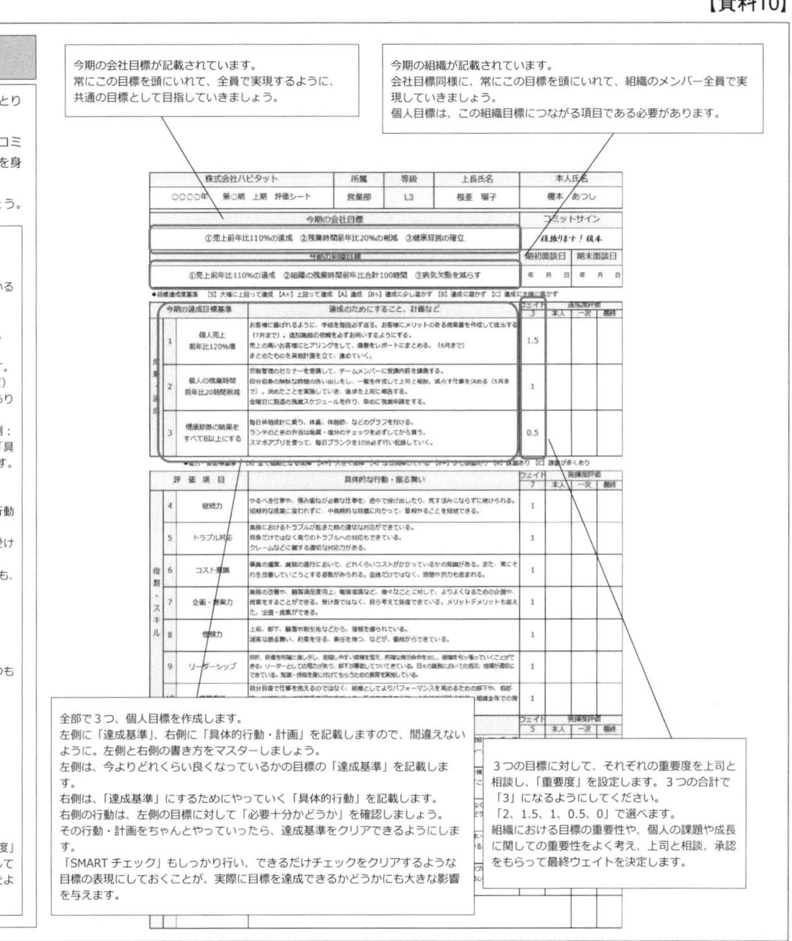

7-6 マネジメント研修（期中）の概要

【期中】の研修は、あまり実施していないケースが多いと思います。しかし、うまくできているところ、できていないところが必ず出てくるなかで、そのままほったらかしにして期末になってしまってはいけません。【期中】では、上司・部下のコミュニケーションの振り返りと、弊社でお勧めしているサポートシートの活用方法などの研修を行ないます。以下がそのカリキュラムです。

【資料13】

評価者研修（期中のマネジメント研修） カリキュラム

開始	終了	頁	テーマ	時間	ツール・演習
13:00	13:05		会社代表ご挨拶、研修説明	0:05	
13:05	13:09		研修目的・進行説明、講師自己紹介	0:04	
13:09	13:11	1	本日の研修内容	0:02	
13:11	13:11	2	期中のマネジメント	0:00	
13:11	14:01	3	期中コミュニケーションの振り返り	0:50	期中の振り返りシート
14:01	14:02	4	評価者に必要な3つのスキル	0:01	
14:02	14:03	5	目標設定のスキル	0:01	
14:03	14:04	6	期中の観察スキル	0:01	
14:04	14:05	7	評価コメントのスキル	0:01	
14:05	14:06	8	NGなパターン（実際はほとんど）	0:01	
14:06	14:07	9	この数字で比重（重要度）を置く	0:01	
14:07	14:08	10	期間の観察	0:01	
14:08	14:09	11	サポートシートの活用	0:01	
14:09	14:10	12	サポートシートの内容	0:01	
14:10	14:11	13	期中の観察は大変・・・	0:01	
14:11	14:12	14	ほったらかしにしないように	0:01	
14:12	14:14	15	負担感と効果は時間ととも逆転する	0:02	
14:14	14:16	16	ちょっと考えてみましょう。	0:02	
14:16	14:18	17	3つのチェックポイントとコメント（記入）例	0:02	
14:18	14:18	18	コミュニケーション	0:00	
14:18	14:20	19	面談の時間	0:02	
14:20	14:22	20	コミュニケーションのスキル	0:02	
14:22	14:24	21	傾聴・質問・承認を使いこなす①	0:02	
14:24	14:26	22	傾聴・質問・承認を使いこなす②	0:02	
14:26	14:28	23	傾聴・質問・承認を使いこなす③	0:02	
14:28	14:30	24	サポートシートの手引き	0:02	サポートシートの手引き
14:30	14:50	25	面談をやってみよう	0:20	サポートシート（持参）
14:50	14:55	26	研修振り返りシート	0:05	研修振り返りシート
14:55	15:00		質疑応答など	0:05	
				2:00	

7-7 マネジメント研修（期中）の内容

【期初】の目標設定時の研修同様、左ページに該当するスライドページ、右ページに簡単な解説をつけています。実際には導入後何か月か経ってから研修を実施するものなので、一部復習のページがあります（復習ページは説明を省略しています）。

【資料14】

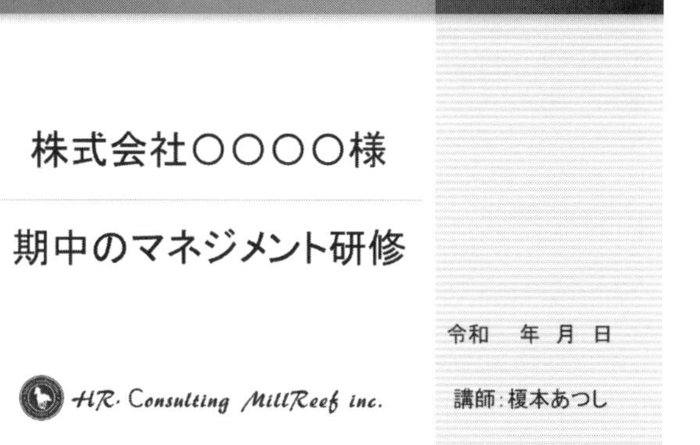

本日の研修内容

●期中のマネジメントの振り返り

●評価者に必要な３つのスキル（復習）
①目標設定のスキル
②期間の観察のスキル
③評価コメントのスキル

●サポートシートの活用（復習）

●面談をやってみよう

・傾聴　・質問　・承認

1

期中のマネジメント

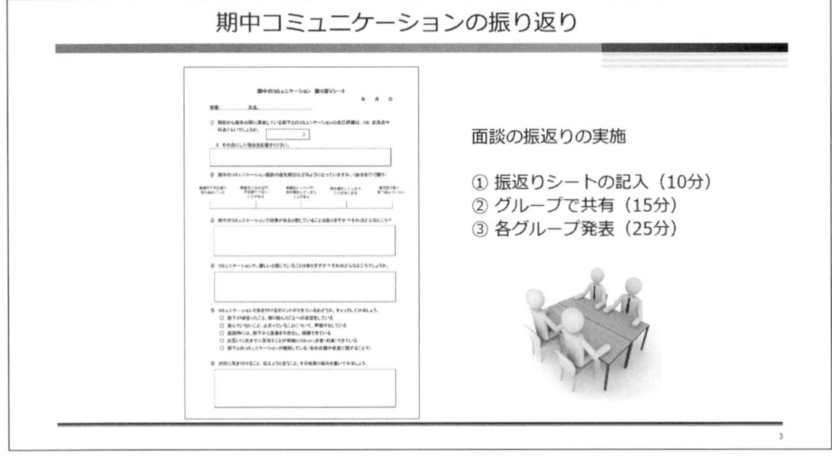

右の「期中のコミュニケーション振り返りシート」を使って、期中における部下とのコミュニケーションの状況を振り返り、評価者同士で共有します。うまくできている上司・部下、できていない上司・部下がありますが、期末までそのままにせず、期中で立て直します。よいところを皆で共有するようにしていき、できていないところを皆で考えて引き上げていくための重要な共有の場です。

毎期、このような場があることで、ほったらかしにはならずに、取る組むことができるようになります。

◎期中のコミュニケーション振り返りシート◎

【資料03】(別バージョン)

期中のコミュニケーション　振り返りシート

年　月　日

部署:　　　　　　氏名:

① 前回から今回の間に実施している部下とのコミュニケーションの自己評価は、100 点満点中何点ぐらいでしょうか。

[　　　　　点]

2. その点にした理由をお書きください。

[　　　　　]

② 期中のコミュニケーション面談の効果は感じていますか。(該当を○で囲う)

かなり効果を感じている	まずまず効果を感じている	どちらともいえない	あまり効果を感じない	ほとんど効果を感じない

③ 前回のミーティングから今回までで、工夫したこと、取り組んだことをお書きください。

[　　　　　]

④ コミュニケーションで、悩んでいること、周りに相談したいことなどをお書きください。

[　　　　　]

⑤ コミュニケーションで気を付けるポイントができているかどうか、チェックしてみましょう。

- □ 部下が頑張ったこと、取り組んだことへの承認をしている
- □ 進んでいないこと、止まっていることについて、声掛けをしている
- □ 面談時には、部下から言葉を引き出し、傾聴できている
- □ お互いに次までに目指すことが明確にコミット(合意・約束)できている
- □ 部下とのコミュニケーションが増加している(年の目標や成長に関することで)

⑥ 次回のミーティングに向けて、「約束できる」取り組むことを書きましょう。

[　　　　　]

上記は、研修の最初に、各自の期中のコミュニケーションの状況を振り返ってもらうためのシートです。必要に応じてカスタマイズしてください(77ページの別バージョンを掲載しています)。

評価者に必要な３つのスキル

復習

①

目標設定の
スキル
（期初目標）

主に人材育成
につながる

②

期中の
観察
スキル

主にモチベーシ
ョンにつながる

③

評価
コメントの
スキル

主に納得性に
つながる

4

目標設定のスキル

復習

目標設定の
スキル
（期初目標）

- 期の始まりに、被評価者の**目標をチェック**したり、被評価者の評価項目をしっかりと把握できているか。
- 設定した目標が、期の終わりに本当に**評価できる**ようになっているか。
- その目標が、組織の**目標につながる**ものであるか。
- 「今期はこれをやります！」という、**コミットメント**を行っているか。

5

期中の観察スキル

復習

- 評価項目を**評価期間中**にどれだけ観察できているか。
- 部下の行動、実績などの**事実**を記録して残しておくことができているか。
- **「見ているよ」**ということが相手に伝えられているか。
- 他の優先事項に埋もれないような、**観察の仕組み**を作れているか。

期中の
観察
スキル

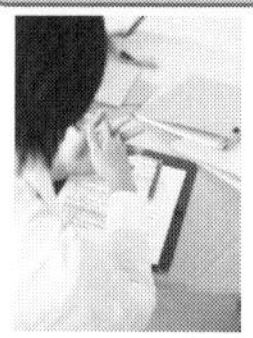

6

評価コメントのスキル

復習

評価
コメントの
スキル

・**どうしてこの評価点**なのか？
を、明確に伝えられているか。

・人間性を評価するのではなく、
行動・事実を評価できているか。

・**求めるもの、足りなかったもの**を、
明確にコメントできているか。

・次期は何をしたら評価されるのか、
具体的な指示ができているか。

7

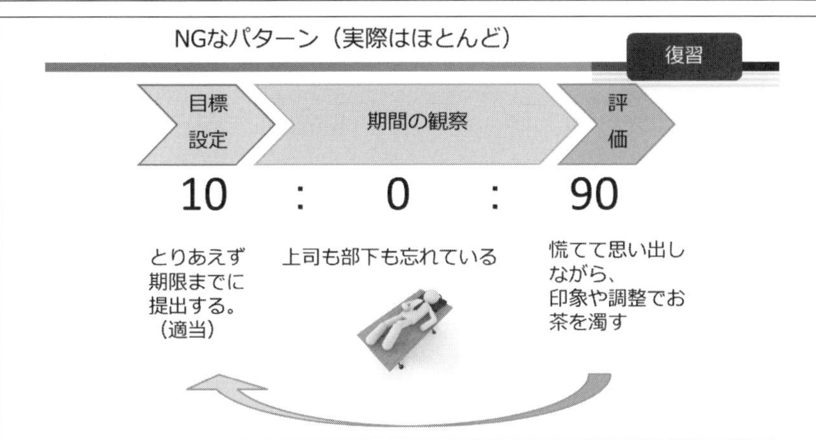

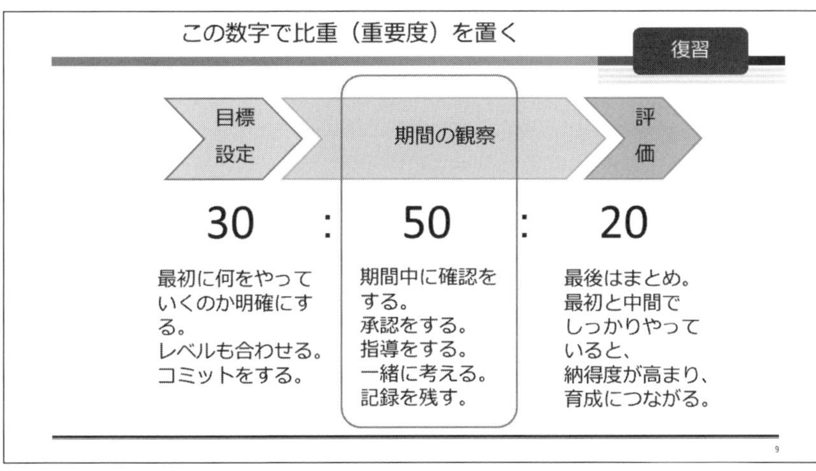

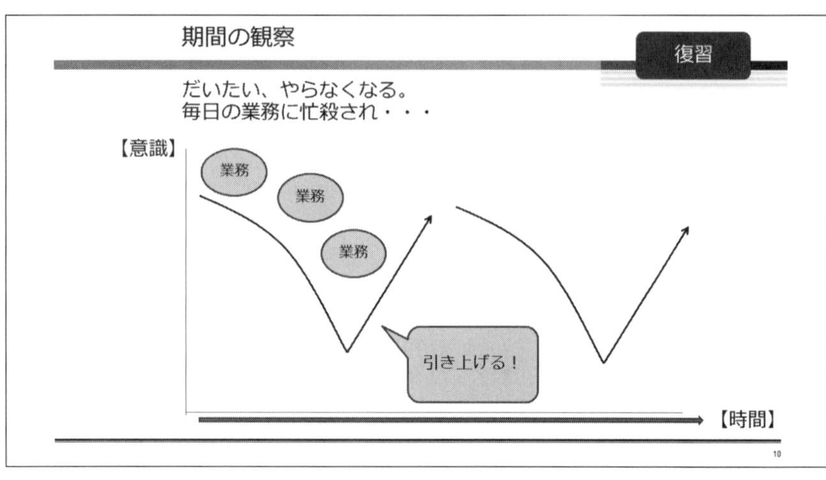

サポートシートの活用

復習

「サポートシート」を作成して、ルーティンとしての
期間中チェック＆フィードバックを仕組み化します。

このサポートシートを活用し、期間中のマネジメントをすることで、
人事評価制度がその目的通りにしっかり機能します。

（例）毎月2回、本人より提出します。上司がそれを見ながら、
赤ペンで返したり15分程度の面談（気軽に職場でのデスクまわり
等で構いません）を実施します。

11

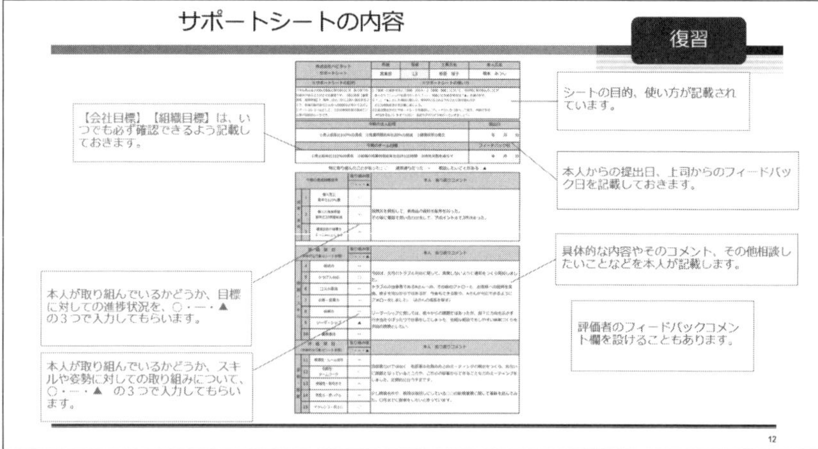

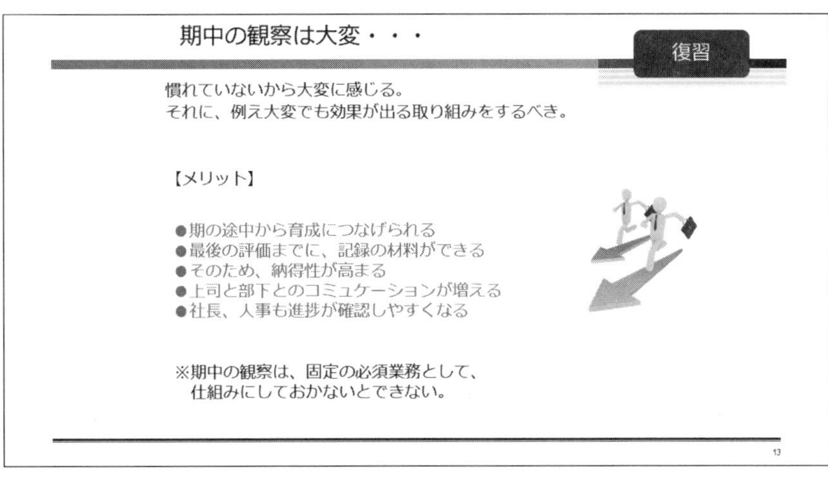

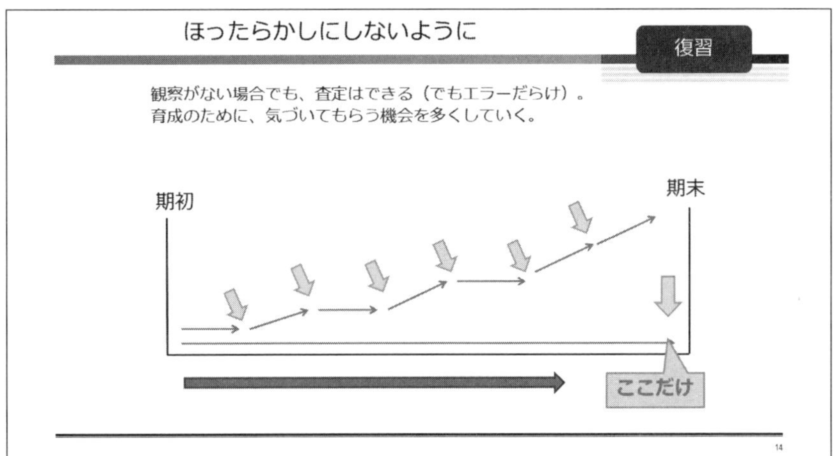

ここまでは、期初の目標設定時の研修の復習ページですが、数か月経って「そういえば、こんなことをいわれていたな」というように、忘れてしまっているケースがほとんどです。

大事な点は繰り返し学んでもらう必要がありますので、「期初の研修でお伝えした部分を、再度思い出して確認しましょう」と伝えていきましょう。

聞いて、忘れて、再度聞いて…、を何度か繰り返すことで、知識として身についていきます。

負担感と効果は時間とともに逆転する

初めての仕事、PCスキル、料理の腕前、筋トレ・・・。
どんなことでも最初は負担が大きく、効果を感じられない。
慣れてくることでこれが逆転します。

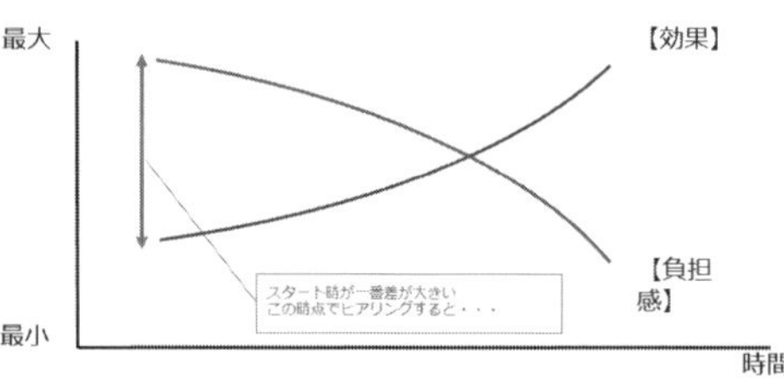

15

ちょっと考えてみましょう。

●もし子どもを塾に入れるとしたら・・・？

ある塾では、月に2回、定期的に個別に勉強の進捗状況や、
知識の定着度合いを確認しています。
頑張っていたらすごく褒めてくれて、まだの部分や、やっていない
状況なら、指導してくれます。

別のある塾では、先生は普段の授業や書類作成で忙しいといい、
期末の受験までずっと見てくれていません。

さて、貴方はどちらの塾に子どもを入れたいですか？

どちらの塾が実力がつくでしょうか？
合格の可能性が高まるでしょうか？

16

3つのチェックポイントとコメント（記入）例

チェックポイント	記入例
① 成果を出したこと、成長したこと、取り組んだことを見逃さずに、大いに承認する	・今回頑張りました。私も嬉しいです。 ・いい感じで進んでいます！その調子で！ ・挽回しましたね。 ・前回の課題から良くなっています。 ・周りにも（良かったことを）伝えておくよ。 ・いい調子！ ・（具体的なことを伝え）ここが良くなったね！
② できていないこと、止まっていること、失敗したことには、構ってあげる	・ここを進めていきましょう。 ・このままだと低評価になるので、いまから頑張ろう。 ・次回までには必ず何かやってきましょう。 ・このポイントを伸ばしていくといいよ。 ・進まないのは何か課題がある？ ・このように（やり方やアドバイス）してみてはどうか。 ・一度、時間を作って相談しよう
③ 悩み相談や体調不良などがないか、過去と比べて様子の変化をみつける	・悩みを言ってくれてありがとう。 ・〇日〇時から、面談をしましょう ・最近の様子が気になります。 ・現在の状況の詳細を教えてください

17

【負担感と効果は時間とともに逆転する】

何事も最初は、負担が大きく効果は出ないものです。料理や資料作成なども最初は時間もかかり、出来栄えも悪いでしょう。

しかし、繰り返していくうちに慣れてきて、あまり手間もかからずによい出来栄えになってきます。期中のマネジメントも慣れてくれば、負担と効果は逆転するので、そこまで頑張ることが大事だと伝えましょう。

【ちょっと考えてみましょう。】

客観的にみると、期中にほったらかしではなく、講師やコーチが確認する機会があるほうが、動機づけを図ることができ、成績や技術も伸び、成果も出やすいことがわかります。

部下も同様なはずですが、自分の組織となると「忙しくてできない」という声が出てきます。ダメな組織にならないように、逆に期中のマネジメントが定着したら強い組織になっていくことを伝えましょう。

【3つのチェックポイントとコメント（記入）例】

これは、「A４一枚評価制度」で実施するサポートシートに出てくるパターンですが、考え方は応用できると思います。

左図は期中のコミュニケーションにおける、部下の状況に合わせたコメント例です。うまくコメントできない人には「これを参考にしてください」と伝えましょう。

コミュニケーション

面談の時間

面談はおもに下記タイミングで実施します。

①目標設定時　・・・・　「がっつり」面談
②活動期間中　・・・・　「ちょっとをちょくちょく」サポート
③評価時　　　・・・・　「がっつり」面談

評価シートを使って目標&成長コミットメント

サポートシートを使って本人の振り返りをちょっと後押しサポート

評価シートを使って動機づけと課題認識

目標設定 ＞ 期間の観察 ＞ 評価

19

コミュニケーションのスキル

①話し合いができる「場」を作る。
世間話や座り方に気を配る。

②コーチングのスキルを使って、
フィードバック面談を効果のあるものにする。

傾聴　質問　承認

20

（コミュニケーション）
期中のマネジメントとは、いかにコミュニケーションを取るか、ということです。ここから具体的な面談などのコミュニケーションスキルについて説明することと、実際にロールプレイをしてもらうことを伝えましょう。

【面談の時間】
期中に面談を行なうというと、忙しくてそんな時間は取れない、という人が出てくるかもしれません。
期中の面談は、基本的には本人の振り返りをサポートする程度のもので、いかにその機会をつくるかということが重要です（期日を決めて第一象限に引き上げるのが目的）。
がっつりではなく、ちょっとをちょくちょくのイメージで、頻度が重要なことを説明しましょう。

【コミュニケーションのスキル】
面談で効果の出るやり方を伝えます。プライバシーの問題はあるにせよ、趣味や家族などの世間話から入ったり、圧迫感のない座り方などを説明します。また、コミュニケーションスキルには「傾聴」「質問」「承認」の３つの基本があることを伝えます。

傾聴・質問・承認を使いこなす①

傾聴

相手を理解し、相手の言葉を引き出すために「聴く」。
コミュニケーション・スキルの中で最も重要。

・うなずき　・あいづち　・アイコンタクト
・バックトラッキング　・ペーシング　・共感

●うなずき、あいづち、アイコンタクト
何か言葉に出したことが受け入れられていると感じると、人は親しみを感じる。親密感、信頼感への入り口になる。

●バックトラッキング
相手の言葉を繰りかえすことによって、相手は聴いてもらえたことを感じ、共感を得ることができる。

●ペーシング
相手と自分が同じペースで話したり、口調が合っていると、安心感や、一緒にいるという感覚が生まれる。

●共感
まずは相手の気持ちを受け止め、示す。
「それは大変だったね」「本当にそうだね」「悔しいね」

21

傾聴・質問・承認を使いこなす②

質問

適切な質問によって、
相手から情報やアイデア、解決策や意欲を引き出すこと。

・オープンクエスチョン　・クローズドクエスチョン　・未来質問

●クローズドQ：「はい」「いいえ」で答えられる質問が、クローズドクエスチョン

<例>△△が課題です。次はちゃんとできますか？他に何かありますか？

●オープン Q：「はい」「いいえ」で答えられない質問が、オープンクエスチョン

<例>よい点はどこだと思う？何が課題だと思う？何をサポートしてほしい？

●未来質問：「なぜそうした？」など過去を聞くのではなく、未来志向で聞く

<例> 次はどうしようと思う？

22

傾聴・質問・承認を使いこなす③

承認

相手の仕事ぶりをよく観察し、個々の多様な持ち味、強み、長所、成長などを心にとめ、具体的に伝えること。

・YOUメッセージ　・Iメッセージ　・WEメッセージ

●YOUメッセージ
「あなたはすばらしい」、「あなたはよく頑張った」などのようにメッセージの主体が「あなた」となるメッセージ。

●Ｉメッセージ
Iメッセージの後ろに「私は元気づけられた」、「私は鼻が高い」などがつき、メッセージの主体が「私」となるメッセージ。

●WEメッセージ
「周りの皆もよろこんでいた」
「お客様からも評判が高かった」
などのようにメッセージの主体が「組織」や「周り」となるメッセージ。

23

【傾聴・質問・承認を使いこなす①】

「傾聴」に関する説明ページです。部下が話してくれるかどうかは、上司の「聴くスキル」がとても重要です。ふんぞり返って顔もみない聴き方をしていないでしょうか。相手の話にうなずき、あいづちをうって、バックトラッキング（オウム返し：言ったことを繰り返して確認する）などをすることによって、相手は信頼して話してくれるようになります。

【傾聴・質問・承認を使いこなす②】

「部下が話す時間が半分以上ある」ほうがよい面談です。そのためには、「質問」のスキルが重要になります。「はい」か「いいえ」を問いただす「クローズドクエスチョン」ではなく、「どう思う？」「どうしようか？」などと聴く「オープンクエスチョン」が基本です。この質問のしかたで、部下は考えるようになってきます。

【傾聴・質問・承認を使いこなす③】

部下のモチベーションを上げるには、「承認」のスキルが重要です。これが苦手の上司が多いので、ここで練習しましょう。

承認しようといわれると、「あなたは頑張った」など、主語があなたになる「Youメッセージ」が思いつきますが、それに「私も嬉しかった」という「Ｉメッセージ」や「お客様の評判もよかったよ」という「Weメッセージ」を加えると、より承認力が増してきます。

サポートシートの手引き

サポートシートの目的、自身の振り返りとしての
使い方や効果につながる活用方法が記載されているます。
定着するまで、手引きを読み合わせしながら実施していきましょう。

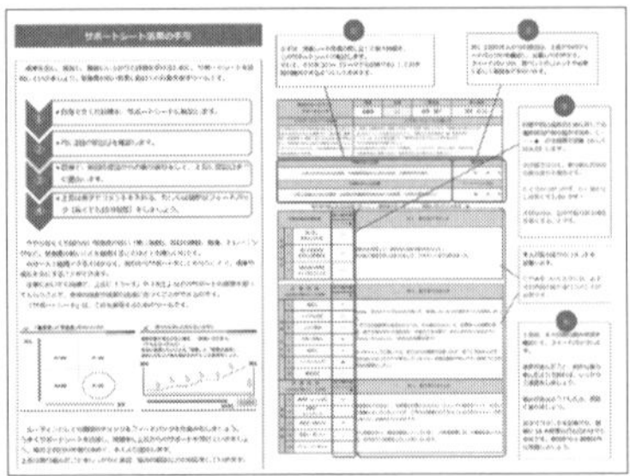

24

面談をやってみよう

二人一組になって、上司役・部下役で、それぞれ「期中のコミュニケーション面談」をやってみましょう。

※傾聴、質問、承認

◆二人一組で、上司と部下役になります
◆サポートシートを用意します。
◆部下役にフィードバック面談を行います（10分）
◆上司・部下役が交代して、もう一度実施します（10分）

25

本日の研修はこれで終了です。

最後に「研修振り返りシート」を
記入しましょう。

【サポートシートの手引き】

Ａ４一枚評価制度のしくみであるサポートシートを導入した場合の手引きです。ここに使い方のポイントが記載されています。同様に、期中にコミュニケーションを取るためのツールがあれば、それを説明するページにしましょう。

【面談をやってみよう】

ロールプレイによる面談実践ワークです。大事なのは、ぎこちなくてもいいので、ちゃんと話しやすい場づくりから始まって、「傾聴」「質問」「承認」をやってみる、ということです。

一通り経験していれば、実際の面談ではスムーズにできるようになります。このワークがあるかないかで、研修の満足度も実際の効果も大きく変わってきます。

（研修振り返りシート）

最後に質疑応答と、研修を振り返ってもらって研修終了となります。期初の研修と同様に、振り返ることで再度大事なことなどを確認できるので、できるだけ振り返りシートを書く時間を取るようにしましょう（229ページにシートがあります）。

「サポートシートの手引き」の活用

下図は、期中の研修資料のなかに出てきた「サポートシートの手引き」です。期中には、研修をしていない企業、組織も多いと思いますが、できていないところをそのまま期末まで取り組みをせずに終わっては、査定はできても組織の成長にはつながりません。

研修によってしっかりと引き上げるとともに、このようなツールを使って、会社の皆がコミュニケーションを取ることを定着させていきましょう。「サポートシート」などのツールがあると、マネジメントに慣れていない中小企業の管理職も、確認する内容、コミュニケーションを取るタイミングなどがわかるようになります。

補助的なツールは「プロンプト」といいますが、これがあることで、スキルとして身についていない段階でも、皆が一定のパフォーマンスを発揮できるようになり、スキルの獲得も早くなってくるのです。適宜修正、カスタマイズしてご活用ください。

【資料15】

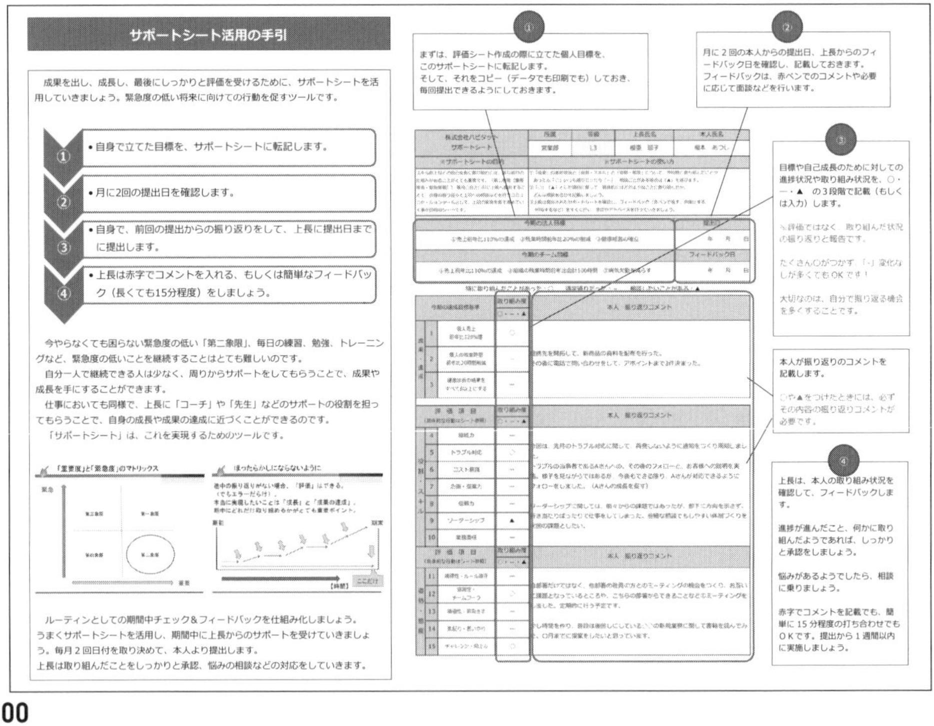

サポートシート活用の手引
成果を出し、成長し、最後にしっかりと評価を受けるために、サポートシートを活用していきましょう。緊急度の低い将来に向けての行動を促すツールです。
① •自身で立てた目標を、サポートシートに転記します。
② •月に2回の提出日を確認します。
③ •自身で、前回の提出からの振り返りをして、上長に提出日までに提出します。
④ •上長は赤字でコメントを入れる、もしくは簡単なフィードバック（長くても15分程度）をしましょう。
今やらなくても困らない緊急度の低い「第二象限」、毎日の練習、勉強、トレーニングなど、緊急度の低いことを継続することはとても難しいのです。
自分一人で継続できる人は少なく、周りからサポートをしてもらうことで、成果や成長を手にすることができます。
仕事においても同様で、上長に「コーチ」や「先生」などのサポートの役割を担ってもらうことで、自身の成長や成果の達成に近づくことができるのです。
「サポートシート」は、これを実現するためのツールです。
「重要度」と「緊急度」のマトリックス
ほったらかしにならないように
【時間】
ルーティンとしての期間中チェック&フィードバックを仕組み化しましょう。
うまくサポートシートを活用し、期間中に上長からのサポートを受けていきましょう。毎月２回日付を取り決めて、本人より提出します。
上長は取り組んだことをしっかりと承認、悩みの相談などの対応をしていきます。
①
まずは、評価シート作成の際に立てた個人目標を、
このサポートシートに転記します。
そして、それをコピー（データでも印刷でも）しておき、
毎回提出できるようにしておきます。
②
月に２回の本人からの提出日、上長からのフィードバック日を確認し、記載しておきます。
フィードバックは、赤ペンでのコメントや必要に応じて面談などを行います。
フィードバック日
本人　振り返りコメント
③
目標や自己成長のために対しての進捗状況や取り組み状況を、○・ー・▲　の３段階で記載（もしくは入力）します。
※評価ではなく、取り組んだ状況の振り返りと報告です。
たくさん○がつかず、「-」変化なしが多くてもOKです！
大切なのは、自分で振り返る機会を多くすることです。
本人が振り返りのコメントを記載します。
○や▲をつけたときには、必ずその内容の振り返りコメントが必要です。
④
上長は、本人の取り組み状況を確認して、フィードバックします。
進捗が進んだこと、何かに取り組んだようであれば、しっかりと承認をしましょう。
悩みがあるようでしたら、相談に乗りましょう。
赤字でコメントを記載でも、簡単に15分程度の打ち合わせでもOKです。提出から１週間以内に実施しましょう。

7-8 評価実施時の研修（期末）の概要

いよいよ評価を実施する【期末】です。「適当」ではなく「適正」に評価するためには、感覚や価値観で評価するのではなく、評価者全員が同じ基準で評価します。そのための評価基準の確認や、エラーのない評価、評価後のフィードバック面談のやり方などをこの研修で実施します。3.5時間ほどのカリキュラムです。

【資料16】

評価者研修（期末の評価実施） カリキュラム

開始	終了	テーマ	時間	ツール・演習
		頁		
13:00	13:05	会社代表ご挨拶、研修説明	0:05	
13:05	13:09	研修目的・進行説明、講師自己紹介	0:04	
13:09	13:11	1 本日の研修内容	0:02	
13:11	13:13	2 うまくいかない原因①	0:02	
13:13	13:15	3 人事評価制度のもたらす5つの効果	0:02	
13:15	13:17	4 うまくいかない原因②	0:02	
13:17	13:19	5 力の配分を間違えている	0:02	
13:19	13:21	6 育成と納得度が大きく変わる	0:02	
13:21	13:22	7 うまくいかない原因③	0:01	
13:22	13:23	8 評価者に必要な3つのスキル	0:01	
13:23	13:24	9 目標設定のスキル	0:01	
13:24	13:25	10 期中の観察スキル	0:01	
13:25	13:26	11 評価コメントのスキル	0:01	
13:26	13:26	12 評価実施研修	0:00	
13:26	13:27	13 評価実施研修	0:01	
13:27	14:27	14 評価してみよう	1:00	ワークシート
14:27	14:30	15 個人目標の評価基準	0:03	
14:30	14:33	16 スキル評価の基準	0:03	
14:33	14:36	17 サポートシートと評価の関係	0:03	
14:36	14:39	18 姿勢・態度評価の基準	0:03	
14:39	14:42	19 コメントの書き方の基本	0:03	
14:42	14:52	休憩	0:10	
14:52	14:52	20 評価実施のポイント	0:00	
14:52	14:56	21 評価実施① 評価実施の手引き	0:04	
14:56	14:58	22 評価実施② 取り組んだこと、成長したことを明確に！	0:02	
14:58	15:01	23 評価実施③ 事実で評価する	0:03	
15:01	15:16	24 評価実施④ 7つの評価エラーに気をつける	0:15	ワークシート
15:16	15:19	25 評価実施⑤ 7つのエラーの内容	0:03	
15:19	15:20	26 評価実施⑥ エラーをなくすには？	0:01	
15:20	15:22	27 サポートシートの活用	0:02	
15:22	15:25	28 評価もスキル！	0:03	
15:25	15:28	29 評価実施⑦ 評価ミーティング	0:03	
15:28	15:31	30 評価者ミーティングの進め方	0:03	
15:31	15:34	31 面談スキル	0:03	
15:34	15:37	32 フィードバック面談が非常に重要	0:03	
15:37	15:40	33 GROWモデルで面談をする	0:03	
15:40	15:42	34 部下に成果を出させる、成長をさせる	0:02	
15:42	15:44	35 コミュニケーションのスキル	0:02	
15:44	15:46	36 傾聴・質問・承認を使いこなす①	0:02	
15:46	15:48	37 傾聴・質問・承認を使いこなす②	0:02	
15:48	15:50	38 傾聴・質問・承認を使いこなす③	0:02	
15:50	15:53	39 面談ストーリーシート	0:03	面談ストーリーシート
15:53	16:23	40 面談をやってみよう	0:30	
16:23	16:23	41 最後に	0:00	
16:23	16:25	42 人事評価で育成をする	0:02	
16:25	16:30	43 質疑応答、振り返り	0:05	
			3:30	

7-9 評価実施時の研修（期末）の内容

【期初】【期中】の研修資料と同じように、左ページに該当するスライドページ、右ページに簡単な解説をつけています。期中の研修から数か月（期中の研修をしていない場合は半年近く）経っているので、大事なところは再度、復習ページとして入れました。

【資料17】

株式会社○○○○様

評価実施時研修

令和　年 月 日

HR・Consulting MillReef inc.

講師：榎本あつし

本日の研修内容

●**評価制度のもたらすもの**

●**評価者に必要な３つのスキル**
①目標設定のスキル
②期間の観察のスキル
③評価コメントのスキル

●**評価をしてみよう**
・評価をしてみよう
・「個人目標」「スキル項目」「姿勢項目」の評価基準
・「コメントの書き方」の基本
・評価実施のポイント
・７つのエラー
・評価者ミーティング
・面談スキル

1

うまくいかない原因①

復習

①目的がはっきりしていない

何のために人事評価を行っている？

働いている人もその目的を理解している？

※3人のレンガ職人

2

人事評価制度のもたらす５つの効果

復習

「人事評価制度」は手段でありツールにすぎない

適正な処遇

社員の発揮能力や成果を明確にし、それに応じた処遇の決定をする

人材育成

「求められている能力」と、「現状」とのギャップを認識し、成長につなげる

共通のベクトル

理念や目標などを明確にし、皆がそれを目指して、同じ方向を向きながら進む

動機づけ

頑張る人、成長する人を見逃さず、認め、承認し、評価をすることで動機づけにつなげる

組織の目標達成

これら４つが実現し、効果を出していくことで、組織全体の目標達成に導く

3

うまくいかない原因②

復習

②力の配分を間違えている

・期初は適当に始まる

・期間中は忘れている

・期末の時期にあわててやる

4

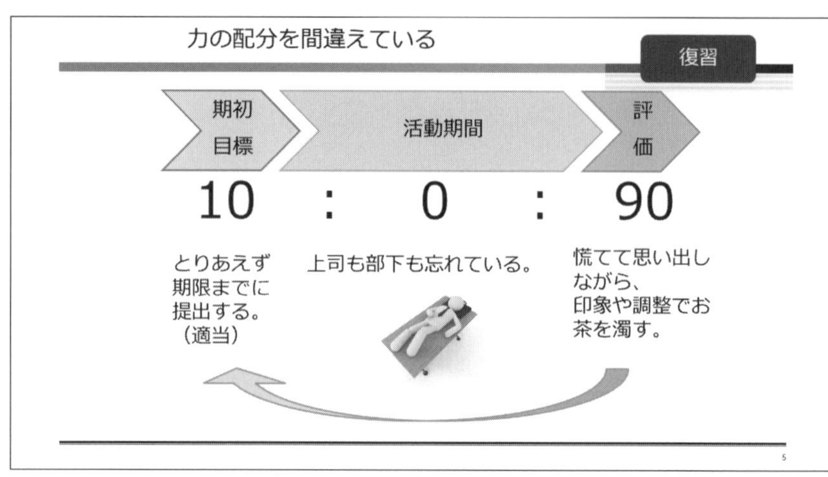
力の配分を間違えている
復習
期初
目標
活動期間
評
価
10 : 0 : 90
とりあえず
期限までに
提出する。
（適当）
上司も部下も忘れている。
慌てて思い出し
ながら、
印象や調整でお
茶を濁す。
5

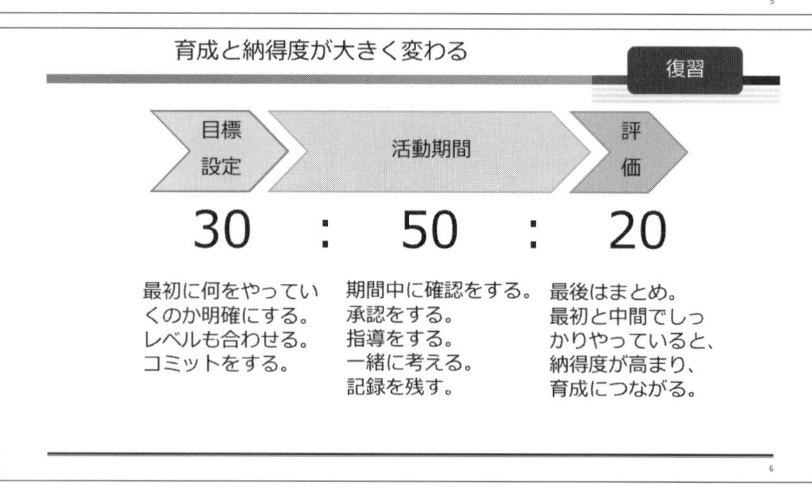
育成と納得度が大きく変わる
復習
目標
設定
活動期間
評
価
30 : 50 : 20
最初に何をやってい
くのか明確にする。
レベルも合わせる。
コミットをする。
期間中に確認をする。
承認をする。
指導をする。
一緒に考える。
記録を残す。
最後はまとめ。
最初と中間でしっ
かりやっていると、
納得度が高まり、
育成につながる。
6

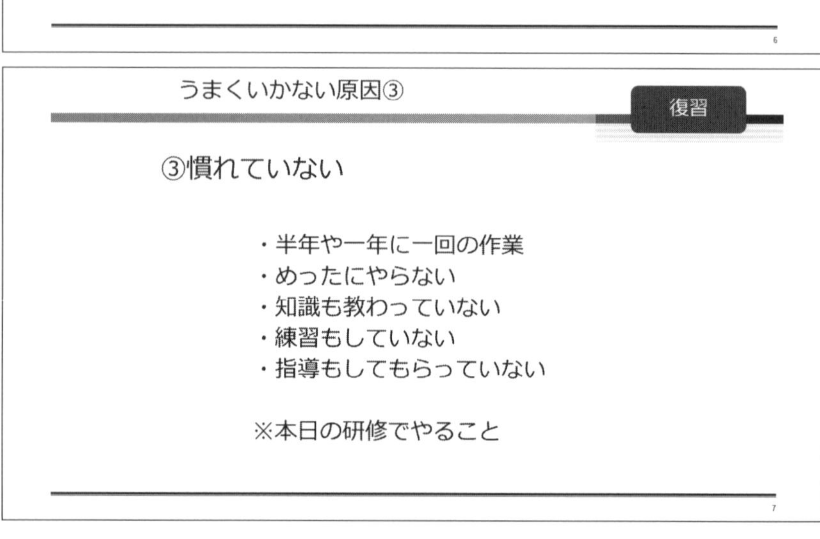
うまくいかない原因③
復習
③慣れていない
・半年や一年に一回の作業
・めったにやらない
・知識も教わっていない
・練習もしていない
・指導もしてもらっていない
※本日の研修でやること
7

評価者に必要な３つのスキル

復習

①	②	③
目標設定のスキル（期初目標）	期中の観察スキル	評価コメントのスキル
主に人材育成につながる	主にモチベーションにつながる	主に納得性につながる

目標設定のスキル

復習

目標設定のスキル（期初目標）

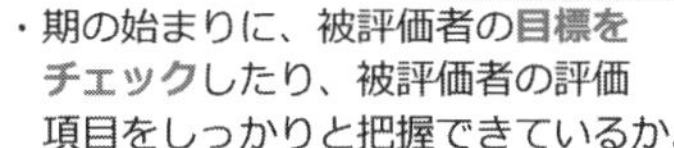

・期の始まりに、被評価者の**目標をチェック**したり、被評価者の評価項目をしっかりと把握できているか。

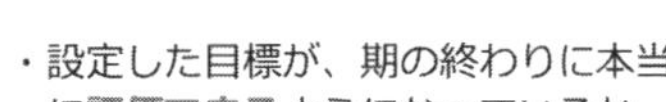

・設定した目標が、期の終わりに本当に**評価できる**ようになっているか。

・その目標が、組織の**目標につながる**ものであるか。

・「今期はこれをやります！」という、**コミットメント**を行っているか。

期中の観察スキル

復習

・評価項目を**評価期間中**にどれだけ観察できているか。

・部下の行動、実績などの**事実**を記録して残しておくことができているか。

・**「見ているよ」**ということが相手に伝えられているか。

・他の優先事項に埋もれないような、**観察の仕組み**を作れているか。

期中の観察スキル

評価コメントのスキル

復習

評価
コメントの
スキル

・**どうしてこの評価点**なのか？
を、明確に伝えられているか。

・人間性を評価するのではなく、
行動・事実を評価できているか。

・**求めるもの、足りなかったもの**を、
明確にコメントできているか。

・次期は何をしたら評価されるのか、
具体的な指示ができているか。

11

評価実施研修

評価実施研修

・評価をしてみよう
・「個人目標」「スキル項目」「姿勢項目」の評価基準
・「コメントの書き方」の基本
・評価実施のポイント
・７つのエラー
・評価者ミーティング
・面談スキル
・まとめ

13

（復習のページ（評価コメントのスキルまで））

ここまでは、期初の目標設定時、期中のマネジメント時の研修で出てきた部分の復習のページになります。これらの解説については省略させていただいていますが、実際の研修では「以前の復習ですが、大事なところです。覚えていますでしょうか？」と再度、繰り返して説明をしましょう。「ああ、そうだったっけ」という方がほとんどだったりします。

（評価実施研修）

ここから評価実施の研修に進みます。

直前に迫ってきた評価実施の本番のために、自分なりの感覚で評価点をつけるのではなく、評価者が同じ目線でつけられるように、しっかりと学んでもらう必要があります。

【評価実施研修】

実際に評価を実施するにあたって、どのような内容の研修なのかを、この目次のページで伝えます。「目標（成果）」と「スキル」「姿勢」の評価のしかたは違うことや、納得性はコメント力にある、やってはいけないエラーがある、などの内容について簡単に説明しておきましょう。

評価してみよう

・別紙のワークシートと評価基準をみて、
登場する「三留利衣夫」さんの評価をしてみましょう。

①個人でエピソードを読んで点数をつけてみよう。
②その後、チームで話し合いましょう。

◆個人で15分、一人の評価を実施してみましょう。
◆実施したシートを見ながら、20分話しあって、チームでの評価を導き出しましょう。

14

【評価してみよう】

期初、期中の研修に関しては、「説明」⇒「ワーク」で取り組んでもらうことがほとんどでしたが、この期末のワークでは、まず上記の大きなワークを実施します。

これは、いったん自分なりに評価してもらってから、大事なポイントやエラーの話をすることで、自身の評価点のつけ方がいかに感覚的なものであったか、何もしないと間違えたままであった、ということに気づいてもらうためです。

事前に教えておけば、その場ではできますが、ここでは「気づき」の効果のほうが大きいという狙いのワークです。

右の別紙のワークシートを用いて、ある社員のエピソードを読んでもらい、そこから評価をしてもらいます。まずは個人ワークで「評価１」につけてもらい、その後話し合ってグループで「評価２」をつけ、そしてグループ間で発表しますが、次のことなどを伝えておきましょう。

①まず評価項目を先に頭に入れてから読むこと

（実際にもそのような見方でふだんの仕事ぶりを見る）

②まったく同じ文章、基準、項目にも関わらず結果が違うこと

◎ミニ評価実施ワークシート◎

【資料18】

株式会社ハビタット様　　ミニ評価実施ワークシート

□ **事例を読み、下記の評価項目を基準に則って評価をしてみましょう。**

「三留利衣夫」さんは、営業部の中堅社員で、3 年前より貴方の直属の部下になっている。

とても明るい性格で、社外での交流や、仲間内での飲み会などでは、いつも積極的に名乗り出て幹事をやったりしている。三留さんの仕事ぶりは非常に評判が高く、業務先の企業からも毎回優秀だと報告を受けている。職場のルールもしっかり守れていて、法律に関しての知識もあり、周りの社員にとっても模範的で好影響を与えている。

ただ、仕事ができるからか、自分の仕事ばかりに集中してしまい、周りを置いていこうとする姿勢が見られる。先日も、若手の社員が仕事の質問をしてきたのだが、「自分で調べればわかる範囲だ」と突き放してしまっていた。

また、指示された仕事は完璧にこなすが、自身の知識や技術の範囲を超えるようなことには、ミスを恐れる傾向にあり、自分からやってみようという姿勢が見られないところが課題ではある。

今期に関してはトラブルが発生した。三留の部下の A さんが、機密情報である資料を、間違えて別の会社に送付してしまったのだ。発覚した時には騒動に発展したが、三留さんがその後の対応をしっかりとしていったため、それ以上の大きな問題にはならずに済んだ。部下の A さんは言い訳をしてきたが、三留さんは厳しい態度で叱責した。結果、A さんは責任を感じて退職してしまったが、三留さんはトラブル防止のためにはやむを得ないと思っている。しばらく人手不足が続き、周りの社員の負担が増えてしまった。勤怠に関しては、昨年は遅刻や早退が目立ったものの、今期は無く、いつも通常通りに出勤し業務をスタート出来ていた。どうやら家族に起こしてもらうように協力をお願いしたらしい。

【評価シート】

評価	S	A＋	A	B＋	B	C
評価基準	全て模範となる発揮	大きく発揮	発揮している	少し課題あり	課題あり	課題が多くあり

評価項目	定義	評価 1	評価2
規律性・ルール遵守 コンプライアンス	職場のルールを主体的に守り、周りの模範となっている。不正をしたり、「ずる」をしたりして、風紀を乱すようなことをしていない。業務に関する法律に関しての知識が十分にあり、自身が守るべきものをしっかり守っている。		
気配り・思いやり	現在の状況や、これからどうなるかなどを予測・考慮して、より良い判断や、振る舞い、声掛けなどができている。常に周りに気を使い、相手の気持ちを察して、最善の行動ができている。 相手の心情などを気遣い、声をかけたりしている。		
勤怠	時間通りに出勤し、業務をスタートできている。 やむをえない事情を除いて、遅刻・早退・欠勤などの勤怠の乱れはない。 やむをえない欠勤・遅刻・早退などの場合でも、きちんと申請している。		
協調性・ チームワーク	自分勝手、自分中心ではなく、周りもやりやすいような仕事の仕方ができている。一緒に働く仲間を気遣い、サポートすることができている。チームの一員として、チームワークを乱すことなく、貢献するような言動ができている。		
積極性・前向きさ	何事にも、否定から入らずに、前向きにとらえている。指示待ちやこなすだけの仕事の仕方ではなく、より自分から取り組み、常にもっとよい仕事にしようと工夫している。できない・わからない、ではなく、どうしたらできるか、まずはやってみようというような動きをしているか。		

次期へのフィードバックコメント

（※）解答編があるので、ワーク後にそれを配布して説明します。

個人目標の評価基準

S~Cの基準を再確認しておきましょう。

【S】大幅に上回って達成　【A+】上回って達成　【A】達成　【B+】達成に少し届かず　【B】達成に届かず　【C】達成に大幅に届かず

「達成基準」に照らし合わせて評価をする

1	目標	契約後の追加工事利益率30%とる
	具体的行動計画	・着工前物件の追加工事提案数を、各物件10件増やす ・提案シート(テーマ別)を作成する。毎月1シート増やす ・提案シートに、簡易見積できる表を作成、ファイリングしていく ・利益率の誤差防止のため、着工前に設備の見積りをとり、原価をANDPADを利用し保管・引き継ぐ

TODOを頑張ったことは・・・?

例：達成は惜しくもできなかったが、具体的な行動は計画よりも多く実施して、人一倍取り組み、本当に頑張った。

※原則考慮しない。ここで見られた頑張りは、スキルや姿勢の項目で評価をしていく。

15

スキル評価の基準

S~Cの基準を再確認しておきましょう。

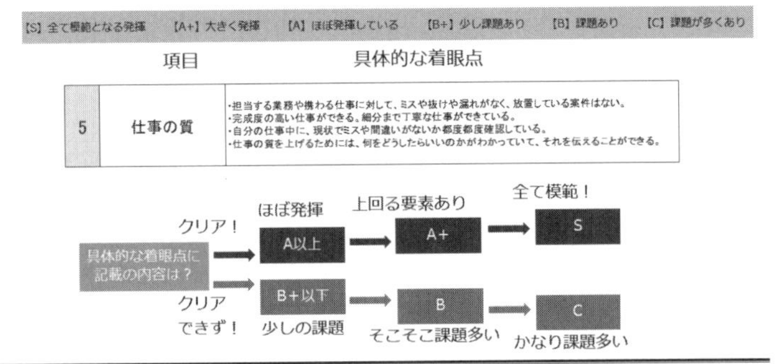

16

サポートシートと評価の関係

サポートシートでたくさん取り組んだから、
評価が高くなるべき？
⇒　スキル評価においては、必ずしもそうではない

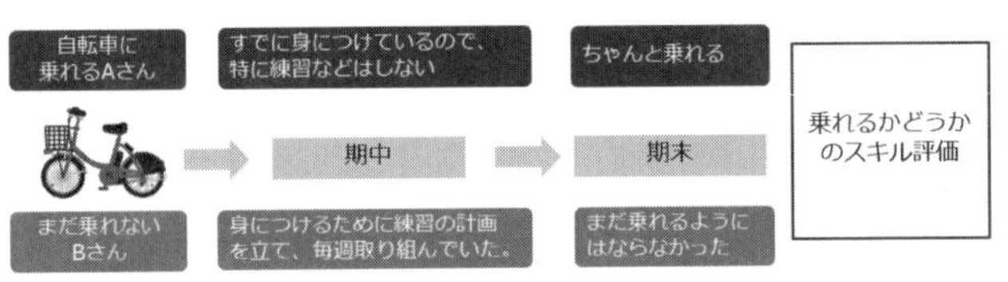

※しかし、何もしないより練習を計画的に取り組んで、
誰かに見てもらった方が、乗れることには近づく。

17

【個人目標の評価基準】

このページで説明する大事な点は、成果である個人目標の達成度評価は、プロセスではなく、ゴールのみで評価をするということです。

プロセスについては、スキル評価や姿勢評価で対応するところをしっかりと評価しましょう。プロセスを評価すると、評価者によるバラツキと組織目標との連鎖性の面で問題が出てきます。

【スキル評価の基準】

スキル評価におけるポイントは、潜在（ポテンシャル）ではなく、発揮（パフォーマンス）で評価するということです。

左のスライドは「Ａ４一枚評価制度」で用いている基準ですが、どのように「Ｓ～Ｃ」の評価点をつけるのかなどを確認しておきましょう。

「自分なり」の評価はＮＧで、具体的な行動として書かれている中身と比べて評価をします。

【サポートシートと評価の関係】

ここは要注意です。サポートシートでたくさん取り組んだ、期中で頑張った、という点を評価するのではなく、スキルがあり、安定して発揮しているかについて評価します。

最初から自転車に乗れるＡさんは、自転車の練習をしていませんでした。でも、自転車に乗ることは安定して発揮できています。一方、Ｂさんはまだ乗れないので、たくさんの練習に取り組みました。しかし、期末時点ではまだ乗れませんでした。

実際の評価時点で安定して「発揮」ができているスキルなのかどうかを評価しないといけません。

姿勢・態度評価の基準

S～Cの基準を再確認しておきましょう。

【S】全て模範となる発揮　【A+】大きく発揮　【A】ほぼ発揮している　【B+】少し課題あり　【B】課題あり　【C】課題が多くあり

	項目	具体的な着眼点
11	責任性・信頼性	・自分自身の発言に対して、責任を持って行動している。 ・人のせいにはせずに、自分の責任として、最後まで取り組んでいる。 ・うそをついたり、約束を破ったりしてはいない。 ・任されたこと、指示を受けたことなどに対して、きちんとやりきっている。 ・社内外のメールに対して、迅速な返信・返答ができている。

期初　期中　期末

姿勢・態度評価は、期中を通してどれだけ発揮していたかを評価する。
スキル評価とは見方が異なるので注意。
※スキルは最初はできなくとも、期中に取り組み、期末時点できるようになっているかどうかを評価する。

18

コメントの書き方の基本

この順番でコメントしましょう
①成長した点、良かった点（評価の高いところ）
②もっと成長が必要な点、課題点（評価の低いところ）
③次期へのアドバイス

お客様からの仕事に関する評価は高く、その点は他の模範ともなっています。素晴らしいです。また、今期に関しては勤怠もよく、来期もぜひこの調子で頑張ってください。
規律性・ルール遵守においても、非常によい発揮でした。ぜひ模範となり、周りへの好影響を与えるように引き続き取り組んでいきましょう。

一方で、部下への対応で課題が見られました。ミスに対する指導は必要ですが、現在のチームの状況、部下の心情などを考えると、必要以上の叱責は最善の行動とはいえません。今後をより良くする対応ができるようになりましょう。私も協力します。

技術指導に対しても、部下や周りと協力姿勢をとって、チームとしての技術を高めていきましょう。また、今の仕事だけではなく、より上のことへのチャレンジや、指示がなくとも良いと思うことであれば、まずはやってみようという姿勢で取り組んでください。来期、そのように成長してくれることを期待しています。

19

評価実施のポイント

【姿勢・態度評価の基準】

「姿勢」に関する評価は、スキルとは異なり、「期全体を通して振る舞えていたか」について評価します。スキルであれば、期初～5か月は自転車に乗れなくても、練習の結果、最後の1か月で完全に安定して乗れるようになっていれば「○」の評価です。

一方、最初の5か月は全然あいさつなどの振る舞いはできていなくて、評価実施に近づいた最後の1か月だけ、急によい姿勢を取ったとしても、これを「○」としてはいけません。

「できる」「できない」のスキル評価と、「やる」「やらない」の姿勢評価の違いがここにあるのです。

【コメントの書き方の基本】

コメントを書いてフィードバックをする場合の「王道」をここで伝えましょう。それは「①最初によい点を承認する」「②次に課題を指摘する」「③最後に次期へのアドバイス」の3つです。

最初に「この上司は認めてくれているんだ」という関係性をつくり、その後で課題を指摘するほうが、素直に受け止められやすくなるのです。

(評価実施のポイント)

209ページの「ミニ評価実施ワークシート」については、上記までの部分にもとづいて説明します。

解答編の用紙があるので、どの事実をどのように評価したのかを伝えます。その後、これから評価を行なう本番にあたって、気をつけるべきポイントを解説していきます。

評価実施①　評価実施の手引き

A3一枚の手引きにポイントが記載されています。
必ず見ながら評価を実施しましょう。

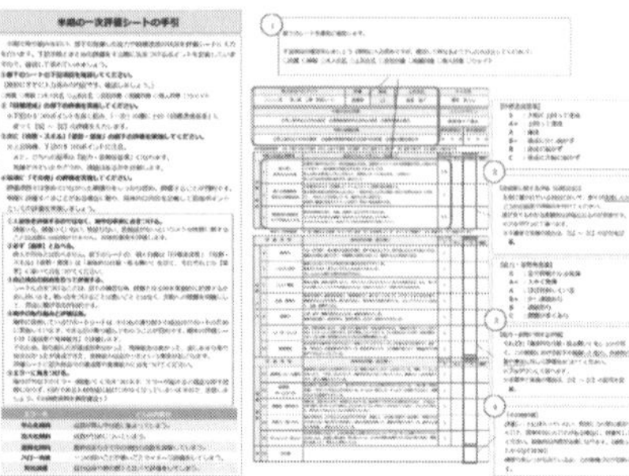

21

評価実施②　取り組んだこと、成長したことを明確に！

できたこと、成長したことについては、
大げさに褒める。
できていなかったことは・・・？

⇒期末に良い評価をとれるように、どのように引き上げて
いくかを一緒に考える。
計画を立ててもらい取り組んでいくことのサポートをする。

「評価すること」でやりたいこと

①動機づけ　　②課題認識

22

評価実施③　事実で評価する

※「人」を評価するのではなく「事実」を評価する。
⇒　相手の納得性が高まる。

そのためには、具体的で評価できる目標設定、
日々の行動のチェックや振り返りの記録をしっか
行っておく必要がある。

・やる気が感じられない（人）
・だらしないところがある（人）

納得感
DOWN

・会議の際に自分からの発言をしていなかった（事実）
・提出物の期限遅れが期中に5回ほどあった（事実）

23

【評価実施①　評価実施の手引き】

この研修で学ぶことのポイントをまとめた「評価実施の手引き」があります（241ページ参照。カスタマイズしてご利用ください）。

研修後には毎期、評価を実施していきますが、その際には必ずこの手引きを手元に用意し、読み合わせをするなどして実施する（「その場型」による実施がお勧め）ようにしましょう。

【評価実施②　取り組んだこと、成長したことを明確に！】

「評価」を実施することの目的は、「査定」だけではありません。それ以外にこの「動機づけ」と「課題認識」の２つが重要だということをこのページをもとに説明しましょう。

この２つのことを実現するために評価をするのだという「目的志向」を、会社の全評価者がもっていることがとても大事です。

【評価実施③　事実で評価する】

「評価」の大原則は「人」ではなく「事実」を評価することです。特に、課題であるところを「人」として評価すると、納得性が低く、実際に改善にもつながりません。

そしてここでもう一つ評価者に伝えてほしいのは、「指導力」も変わるということです。「次期はやる気を出してください」と指導するのではなく、「来期は自分から発言しましょう」と具体的に指導することが、本人を引き上げていきます。

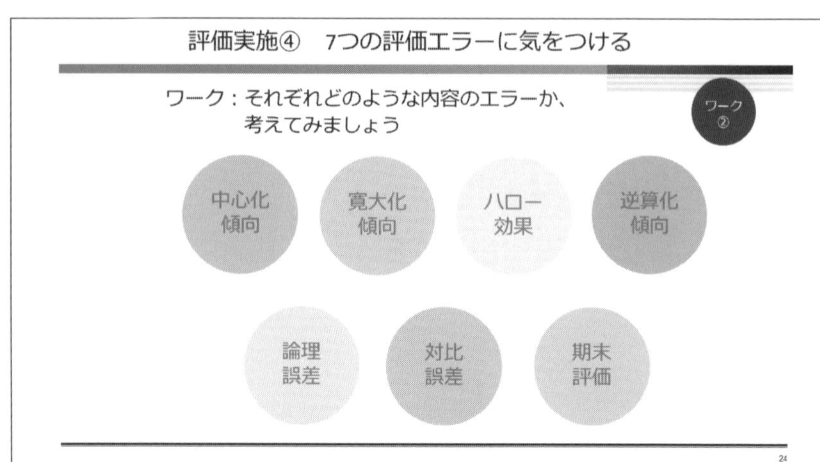

評価実施⑤　7つのエラーの内容

エラー	どんな内容のエラーか
中心化傾向	評価が中心に集まってしまう
寛大化傾向	評価が甘めに集まってしまう
ハロー効果	一つの良いことが印象となって全体が引きあがってしまう
逆算化傾向	始めに結果ありきで、中身を決めていってしまう
論理誤差	体育会系は営業ができるはず、などと勝手に評価をしてしまう
対比誤差	自分自身と比べて、評価をしてしまう
期末評価	評価期間全体ではなく、期末近くの観察で評価をしてしまう

25

評価実施⑥　エラーをなくすには？

このようなエラーをなくすには、
どうしたら良いのでしょうか？

普段から見ておく

事実を見つけて、記録しておく

26

【評価実施④　７つの評価エラーに気をつける】

ここではまず、ワークシートで「７つのエラー」とはどのようなものかについて、言葉のイメージから考えてもらいましょう。時間に余裕があれば、グループワークにしてもＯＫです。

なんとなくわかっていることが多いと思われるため、209ページに紹介した「ミニ評価実施ワークシート」でエラーを犯していないかどうかなどを聞いてみましょう。

【評価実施⑤　７つのエラーの内容】

左のスライドで解答を示して、一つひとつ解説します。ここで伝えることは「なぜエラーはいけないのか」です。

すでに前のスライドで評価の目的を解説していますが、「成長したことの動機づけ」と「まだの部分の課題認識」の２つです。成長したのに中心化傾向でエラーの評価をし、できていないのに逆算化傾向でエラーの評価などをすると、この目的が果たせないのです。

【評価実施⑥　エラーをなくすには？】

エラーを理解し、エラーをしないように評価することも大事ですが、それよりもすべてのエラーを回避できる一番の方法があります。それが、このページにある期中のコミュニケーションとその記録であることを伝えます。

これにより、本人評価と一次評価のズレも回避できます。いかに期中の記録が大事かを伝え、もし記録していなかったとしても、今期はもう難しいでしょうから、次期には必ず行なうように伝えましょう。

サポートシートの活用

「サポートシート」を作成して、ルーティンとしての
期間中チェック＆フィードバックを仕組み化します。

このサポートシートを活用し、
期間中のマネジメントをする
ことで、人事評価制度がその
目的通りにしっかり機能します。

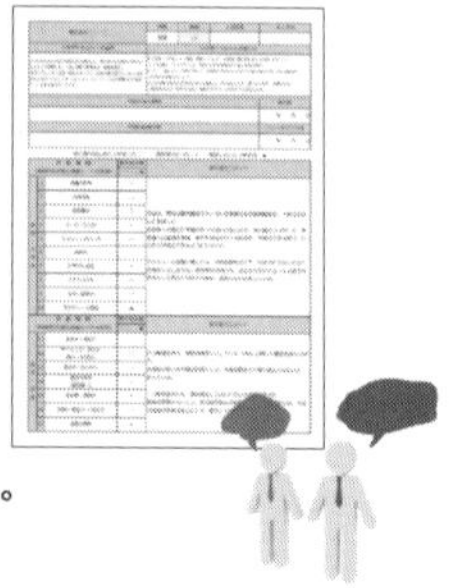

（例）毎月2回、本人より提出します。
上司がそれを見ながら、赤ペンで返し
たり15分程度の面談（気軽に職場での
デスクまわり等で構いません）を実施します。

27

評価もスキル！

・つけた評価点に対して、
適切な評価理由、そこからくる育成のための
コメントをつくることは、**最初からうまくはできません。**

・目標設定同様、ちゃんとした知識、練習、慣れによって、
２～３回繰り返していくとできるようになってきます。

・この能力が身についていないまま、点数だけつけても、
逆に**不平不満、納得性が下がる**だけになってしまいます。

・評価者研修や評価ミーティングにより**「評価とフィードバック」**の能力を身に付けることが大事なのです。

28

評価実施⑦　評価ミーティング

社長一人で評価する場合以外、間に上司がいる
場合などは必ず評価ミーティングを行う。

・どうしてこの評価をつけたのか
・部署ごとに甘い、辛いの差をなくす

例：ある部署では、無遅刻無欠勤で評価S
　　別の部署では、当たり前だから評価A

・評価ミーティングは目線合わせ
・これが完了後、本人へのフィードバックへ

29

【サポートシートの活用】

評価エラー回避のために、サポートシートをルーティンワークで実施することの大切さを説明します。

実際に、評価をする段階になって、はじめてその大切さに気づいてくれることが多いのです。エラー回避をしてこなかったら、「次期は必ず！」と伝えましょう。

なお、他のツールを使ったり、他のしくみを採用しているのであれば、置き換えて説明してください。

【評価もスキル！】

スライドにあるように、適切な評価をすることは、知識、練習、実践から復習を繰り返すことで必ず引き上がってくるスキルだということを説明しましょう。このような知識、スキルがないままで部下を評価することの怖さも伝えましょう。

仕事と同じでいずれは「慣れ」ます。自身のスキルとして身につけてもらうことが大事です。

【評価実施⑦　評価ミーティング】

一次評価をした後には、評価ミーティングを行なうことを伝えます（実際に工程に入れている場合は、評価後のいつ集まるかもスケジュールを決めて、説明しておきましょう）。

評価ミーティングの目的などをここでしっかりと説明し、その大切さを理解してもらいましょう。また、この機会があることで、評価の根拠などに気をつけるようになってきます。

評価者ミーティングの進め方

①分析資料・各評価結果をまとめておく

②評価者が、被評価者の評価結果と
その理由の発表をする

③他の発表者について意見を述べる

●参加メンバー
発表や意見が適正になされて
いるかどうかを見る
●ファシリテータ
進行を務める

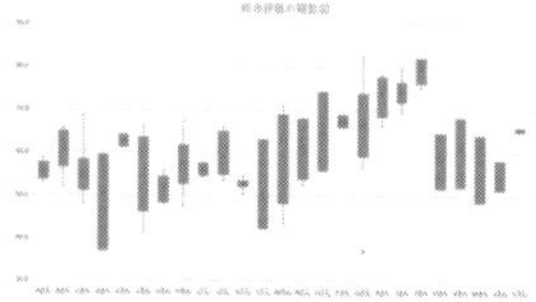

30

面談スキル

フィードバック面談が非常に重要

フィードバックは、原則「日頃伝えていること」をまとめて
振り返る場。
伝える内容は「評価結果」だけではなく、「その根拠」や「本来目指すべきゴール」を伝える必要がある。

★【面談の目的を伝える】
成長した点や課題のお互いの認識を統一する。
次期には何に取り組んでいくなどを決める。

★【自信を持って伝える】
そのためには普段の観察・マネジメントができていることが大事。
評価の結果は、評価者ミーティングを経て出た結果。

★【被評価者自身からの言葉を引き出す】
一方的に伝えるのではなく、考えを引き出す。

32

【評価者ミーティングの進め方】

実際に、一次評価の結果を分析することと、それを皆で見ていくことを説明しておきます（評価者の名前を出すか、匿名にするかなども説明しておきましょう）。

やはり「自分なり」の評価ではなく、客観的に、各項目に記載された具体的事実にそって評価をしなければいけないということを再度認識してもらいます。

（面談スキル）

最終の評価決定後に、本人とフィードバック面談を行なっていきます。ここでは、その面談の際の評価者のスキルについて説明していくことを伝えます。

【フィードバック面談が非常に重要】

評価制度についてのアンケート調査などでは、評価結果を伝えるフィードバック面談に関する不満が非常に高くなっています。

このスキルが身についていないまま、本人と面談しているわけですね。「私はよい評価をしたんだけど、上の部長がね…」などは一番ダメです。保身を図ったつもりかもしれませんが、部下からは「力も自分というものも持っていない上司だな」と馬鹿にされるかもしれません。

GROWモデルで面談をする

評価によって出た結果を元に、「GROW」に沿って面談する。

客観的に出た評価結果を元に、目指す姿（Goal）と現状の行動事実（Reality）を伝え、そのギャップを明確にします。
そのギャップをどう埋めていくのか、何に取り組んで行くのかの方法（Options）を話し合い、本人の意志（Will）を確認し、コミットメントをもらいます。

【Goal】
期末に目指す姿を明確にします。伸ばす能力、達成する目標を共有します。

【Reality】
評価結果で出た、「現状」をお互いにしっかり認識します。何が出来て何がまだ出来ないのか。

【Options】
現状と目指す姿のギャップを埋めていくために、何に取り組むのか方法を決めます。

【Will】
取り組む内容や、目指す姿の対しての意思を本人から確認。お互いに約束します。

33

部下に成果を出させる、成長をさせる

現状を明確にし、次期には出来ているようにする（ギャップを埋める）ことを、お互いに考え合意する。

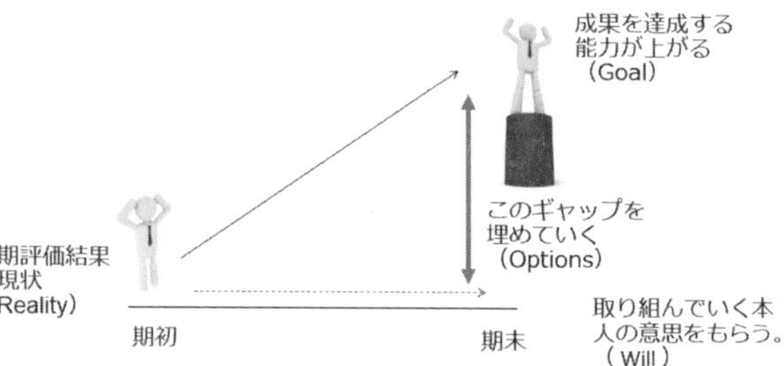

34

コミュニケーションのスキル

復習

①話し合いができる「場」を作る。
世間話や座り方に気を配る。

②コーチングのスキルを使って、
フィードバック面談を効果のあるものにする。

傾聴　質問　承認

35

【ＧＲＯＷモデルで面談をする】

面談の手順は「ＧＲＯＷ」モデルで進めるのが王道で、この手順でやってみることを説明します。

ＧＲＯＷという言葉自体が「成長する」という意味なので、まさしくこの目的をもって、面談する旨を伝えましょう。

【部下に成果を出させる、成長をさせる】

ＧＲＯＷモデルのイメージを図にしたページです。

図を見てもらいながら、「Goal」「Reality」「Options」「Will」について説明しましょう。

一般的に「Reality」を一方的に伝えるだけの面談になっていることが多く、これでは評価制度の目的につながりません。その他の要素も忘れずに行なっていくように説明しましょう。

【コミュニケーションのスキル】

このページから期中のマネジメントの研修時に行なった「コーチングスキル」を使ったコミュニケーションの復習のページになります。

世間話や座り方、「傾聴」「質問」「承認」がどのようなものかを再度丁寧に説明しましょう。今回は、フィードバック面談を想定したこれらのコミュニケーションスキルのためのロールプレイも練習します、と伝えます。

傾聴・質問・承認を使いこなす①

復習

傾聴

相手を理解し、相手の言葉を引き出すために「聴く」。
コミュニケーション・スキルの中で最も重要。

・うなずき　・あいづち　・アイコンタクト
・バックトラッキング　・ペーシング　・共感

●**うなずき、あいづち、アイコンタクト**
何か言葉に出したことが受け入れられていると感じると、人は親しみを感じる。親密感、信頼感への入り口になる。

●**バックトラッキング**
相手の言葉を繰りかえすことによって、相手は聴いてもらえたことを感じ、共感を得ることができる。

●**ペーシング**
相手と自分が同じペースで話したり、口調が合っていると、
安心感や、一緒にいるという感覚が生まれる。

●**共感**
まずは相手の気持ちを受け止め、示す。
「それは大変だったね」「本当にそうだね」「ちょっと悔しいね」

36

傾聴・質問・承認を使いこなす②

復習

質問

適切な質問によって、
相手から情報やアイデア、解決策や意欲を引き出すこと。

・オープンクエスチョン　・クローズドクエスチョン　・未来質問

●クローズドQ：「はい」「いいえ」で答えられる質問が、クローズドクエスチョン

<例>評価は○○点です。△△が課題です。来期はちゃんとできますか？

●オープン　Q：「はい」「いいえ」で答えられない質問が、オープンクエスチョン

<例>よい点はどこだと思う？何が課題だと思う？来期はどうしたい？

●未来質問：「なぜそうした？」など過去を聞くのではなく、未来志向で聞く

<例>　次はどうしようと思う？

37

傾聴・質問・承認を使いこなす③

復習

承認

相手の仕事ぶりをよく観察し、個々の多様な持ち味、強み、
長所、成長などを心にとめ、具体的に伝えること。

・YOUメッセージ　・Ｉメッセージ　・Ｗｅメッセージ

●YOUメッセージ
「あなたはすばらしい」、「あなたはよく頑張った」などのようにメッセージの主体が「あなた」となるメッセージ。

●　Ｉ　メッセージ
Ｉメッセージの後ろに「私は元気づけられた」、「私は鼻が高い」などがつき、
メッセージの主体が「私」となるメッセージ。

●WEメッセージ
「周りの皆もよろこんでいた」
「お客様からも評判が高かった」
などのようにメッセージの主体が「組織」や「周り」となるメッセージ。

38

面談ストーリーシート

少しの準備で大きく効果が変わります。

面談前に5～10分ほど時間を取り、
内容を整理しておきましょう。

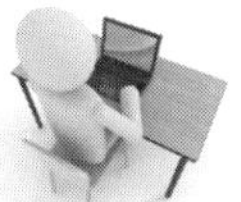

39

【面談ストーリーシート】

研修で学んだことのヌケ・モレがないように、面談の前に５～10分ほど使って面談のストーリーをつくります。この面談ストーリーシートがどのようなものかは、128ページを参照してください。

この研修では、実際にこのシートを配って中身を解説します。「部下の最終評価が上がってきたら、どのように面談するのか、考えましょう。まずは自分の『傾聴』をどうするか。うなずいたり、相づちを打つのが苦手であれば、大きく書いておく！」などと伝えましょう。最初のうちは５～10分では時間が足りないかもしれませんが、これもスキルなので、必ず負担と効果は逆転していきます。

面談などのコミュニケーションが苦手な上司は多いです。研修などをしていても、実践の場になると肝心なことが抜けてしまったり、「自分なり」の評価に戻ってしまうことがとても多く、それが部下からの不満につながっている実態があります。面談ストーリーシートは、会社全体で安定した面談を実施するためのツールです。ぜひ取り入れてほしいものです。

面談をやってみよう

二人一組になって、上司役・部下役で、
それぞれ「フィードバック面談」を
やってみましょう。

※面談の目的、GROWモデル、コーチングのスキル

◆二人一組で、上司と部下役になります
◆ワーク①で評価を実施したシートを見直します
◆フィードバック面談ストーリーシートを作ります
◆部下役にフィードバック面談を行います
◆上司・部下役が交代して、もう一度実施します

40

最後に

【面談をやってみよう】

期中のマネジメント研修では、サポートシートなどを使った「期中のちょっとをちょくちょく」の頻度優先のコミュニケーションをワークで行ないました。今度は評価結果をフィードバックするので、ある程度「がっつり」の面談になります。

もし、この時点で一次評価が進んでいるのであれば、実際に部下の評価をしたシートを持参して実施してもよいでしょう。

研修の後で面談を実施するのであれば、ワーク①で実施したミニ評価の結果を使ってロールプレイによる練習をします。

ミニ評価の結果が入ったシートを使って、まずは「フィードバック面談ストーリーシート」をつくってもらいます。その後、2人一組になって、フィードバック面談を実施します。

期中のときと同様に、ぎこちなくてもかまわないので、研修で学んだこと、面談ストーリーシートに書いたことを、しっかりとやってみます。また研修で、部下役は上司の気持ちもわかるので、素直になりすぎることがあります。少し納得しない（やりすぎると収拾がつきませんが）態度をとってください、などとお願いしてよいでしょう。ここは練習の場であることを伝えます。

（最後に）

これで一通り、研修は終了です。

もし、この期末の評価実施研修で、もっと時間が取れるようであれば、研修後に「その場型」で、評価実施の時間を取ってもよいでしょう。

その場合は、研修が期末を過ぎることにもなるので、あらかじめスケジュールをきっちりと決めておく必要があります。

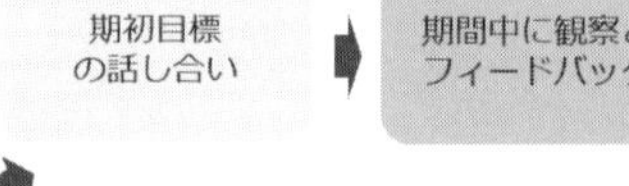

どうしたらできるようになるか、何をやってもらいたいか

評価者のスキル向上と、期中のマネジメントができるようになることで、持続的に成長できる組織となっていく

42

【人事評価で育成をする】

スライドのこのページの図を順を追って説明します。左上の「期初目標の話し合い」からスタートです。

たとえば、3回の研修を通して、目標を決め、期中のマネジメントでコミュニケーションを取りながら、期末に今日の研修で学んだ評価を実施し、動機づけと課題認識の目的にもとづいて、次期には何に取り組むのかを考えてもらい、話し合い、そして期初の目標へ進みます。このサイクルを定着させると、人が成長するしくみが出来上がります。ぜひ会社全体でこのしくみをつくり上げていきましょう、と伝えます。

本日の研修はこれで終了です。

最後に「研修振り返りシート」を
記入しましょう。

「評価者研修 振り返りシート」の活用

期初の研修でも期中の研修でも、最後には「振り返りシートを書きましょう」としていましたが、どのようなシートかというと以下のようなものです。もし研修時間に余裕があるようでしたら、最後に書いた内容を発表してもらい、皆で共有することもお勧めです。

【資料12】

評価者研修　振り返りシート

年　　月　　日

部署:　　　　　　氏名:

①人事評価制度は何のために行なっているでしょうか。

②上記の実現につなげるために、何をしていくことが重要だと思いますか？

③今まで、自身が出来ていなかったことで、気づいた点はどのようなところでしょうか？

④これから自身が人事評価を行なっていくにあたって、重要視する点、気をつける点を挙げてください。

⑤その他、研修のご感想、ご意見、気づいた点など自由にお書きください。

ラーニングピラミッドと その誤謬（ごびゅう）

下図は「ラーニングピラミッド」といって、どのような学びが、その学習が定着する効果を示すのかということを示したものとしてよく使われます。

	平均学習定着率
講義	5%
読書	10%
視聴覚	20%
デモンストレーション	30%
グループ討論	50%
自ら体験する	75%
他人に教える	90%

聞いただけでは定着せず、自分でやってみる、討論する、人に教えるなどを実践していくと、より学びが定着するといわれています。本書で紹介しているそれぞれの研修でも、「島形式」にして、個人で考え、グループで話し合い、まわりのグループに発表する、ということで、より研修の効果が定着することを狙っています。

と、ここまで書きましたが、実はこのラーニングピラミッドには、科学的な検証やエビデンスみたいなものはないそうです。ビジネスで使いやすく、「なるほど」と思えるので、広まっているだけのようです。

実際に研修をしている立場で経験則からいうと、あながち間違いではない…とは感じていますが。人事の世界にはこのような「あやしい」定説がいっぱいあります。盲目的に信じず、自分でもしっかりと見極めていく目をもちたいと思います。

8章

年間スケジュールの設定とその他の運用ポイント

8-1 1年間のスケジュール設定

年間スケジュールを決めておくことは必須

この章では、運用するにあたって押さえておくべきポイントをいくつか紹介します。一つめは「年間スケジュールの設定」です。

右に示したスケジュール表のように、会社カレンダーをつくる時期などに合わせて、日付も決めて運用スケジュールを作成します。このスケジュール表はダウンロードできるエクセルファイルになっていますが、ぜひ自社で作成するようにしてください。

導入してから数年は評価者研修などがあるので、スケジュールには研修予定も追加します。また、給与改定や賞与支給の時期なども明確にスケジュールに落とし込んでおきます。下図のように全体の流れを作成して、通知しておくこともお勧めです。

【資料21】

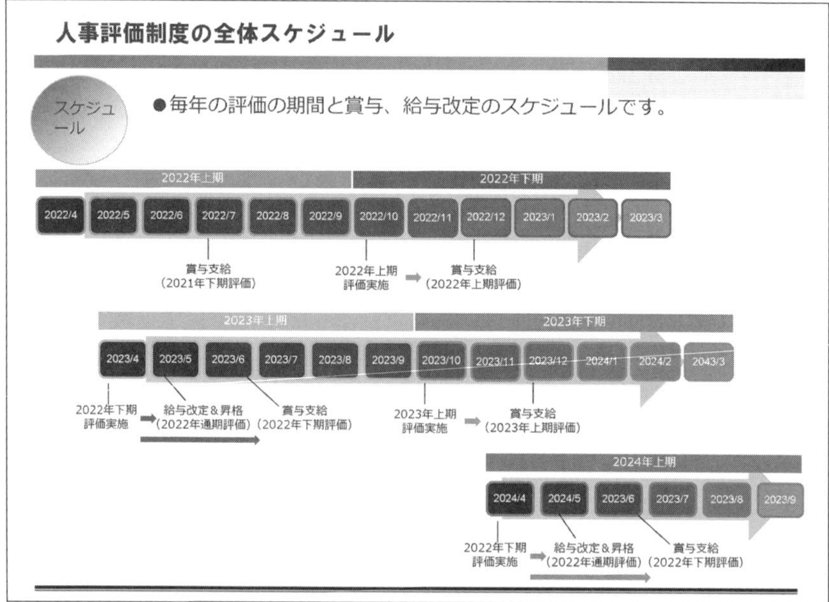

29ページの年間スケジュールを再掲しますので、評価制度の運用を効果的なものにするためにも必須で作成しましょう。

【資料01】

【○○年度】	
4月1日9時	年間の会社目標・組織目標発表
4月2日	下期評価実施の日（午前：○○部、△△部／午後□□部、◇◇部）
4月4日13時	評価者ミーティング（一次評価者出席：部署ごと）
4月8日13時	二次評価実施（部長出席）
4月9日～10日	二次評価者～一次評価者へのフィードバック面談
4月12日13時	最終評価確定（社長・役員出席）
4月15日～19日	一次評価者～本人へのフィードバック面談
4月22日	目標設定の日（午前：○○部、△△部／午後□□部、◇◇部）
4月23日～4月30日	目標の添削・修正・確定
5月1日～（9月末）	上期目標達成・スキル向上への取り組みスタート
毎月15日・末日	サポートシート提出
7月5日	期中の状況共有ミーティング（一次評価者出席：部署ごと）
10月1日	上期評価実施の日（午前：○○部、△△部／午後□□部、◇◇部）
10月2日13時	評価者ミーティング（一次評価者出席：部署ごと）
10月5日13時	二次評価実施（部長出席）
10月8日～9日	二次評価者～一次評価者へのフィードバック面談
10月11日13時	最終評価確定（社長・役員出席）
10月14日～18日	一次評価者～本人へのフィードバック面談（目標の修正実施）
10月21日～（3月末）	下期目標達成・スキル向上への取り組みスタート
毎月15日・末日	サポートシート提出
12月5日	期中の状況共有ミーティング（一次評価者出席：部署ごと）
【○○年度】	
4月2日9時	年間の会社目標・組織目標発表
4月4日	下期評価実施の日（午前：○○部、△△部／午後□□部、◇◇部）
4月5日13時	評価者ミーティング（一次評価者出席：部署ごと）
4月9日13時	二次評価実施（部長出席）
4月10日～11日	二次評価者～一次評価者へのフィードバック面談
4月13日13時	最終評価確定（社長・役員出席）
4月16日～20日	一次評価者～本人へのフィードバック面談
4月23日	目標設定の日(午前：○○部、△△部／午後□□部、◇◇部）
4月24日～4月30日	目標の添削・修正・確定
5月1日～（9月末）	上期目標達成・スキル向上への取り組みスタート
毎月15日・末日	サポートシート提出

※評価実施の日、目標設定実施の日は実施前の15分、研修振り返りを行ないます。

8-2 評価制度の運用は重要度の高い業務

年間スケジュールの設定は「最重要業務」

評価制度の関連業務について「忙しくてできません」とか「ふだんの業務は後回しにするのですか」といわれることがあります。

評価制度の運用は「緊急度」は低いけれども「重要度」が高い業務です。うまく運用していない会社ほど、ふだんの業務が優先されて、評価制度の運用業務は「通常業務とは別にやらなければいけないこと」として位置づけられていることが傾向として見られます。

しかし、これを社員のせいにしてはいけません。「うちの社員は評価制度の運用を重要と思っていない」ではなく、そうしてしまっているのは会社に原因があると考えましょう。

前項で説明した年間スケジュールの設定は、会社の大事なイベントごととして、「**最重要業務**」と位置づけください。

評価制度がしっかりと機能するようになると、成果の実現はもちろん、人材育成や動機づけ、適正な処遇、その他人事関連だけではなく、業績にも大きな効果を発揮します。評価制度は、そのためのツールであり、プラットフォームであるのです。

したがって、評価制度に関する業務は重要度の高い業務としてしっかり認識し、どんなに忙しくても、これをやらなければ社員として失格ぐらいの風土になっていけば、皆が取り組むようになります。「業務とは別の作業」から「一番重要な業務」にしていきましょう。

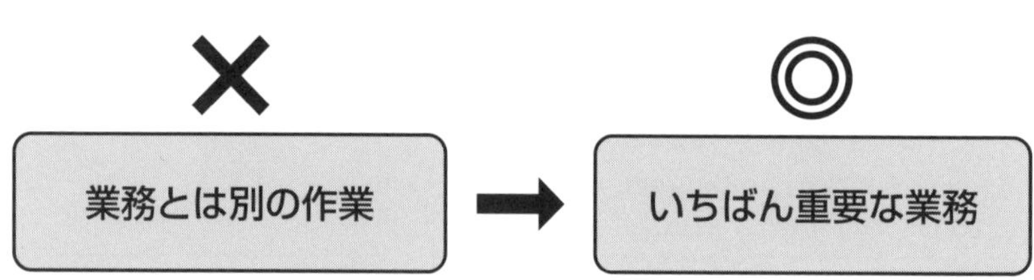

8-3 毎年の評価項目のブラッシュアップ

評価制度の運用ではやはり必須

ブラッシュアップ「brush up」とは、日本語では「磨き上げる」という意味です。ここからさらによくしていこう、というための行為のことをいいます。

評価項目のブラッシュアップとは、まさしく「さらによくしていこう」とするために、項目の内容を見直していくことです。

これは、毎年１回必ず行ないましょう。４月～翌年３月が年間の評価期間であれば、２月あたりに各部の責任者などが集まり、現在の評価項目は来年もこのままでいいのか、変える項目があるのかについての検討ミーティングを実施します。その結果、来年も引き続き同じ項目で大丈夫、変更しないでいこう、となればそれはそれでＯＫです。ＮＧなのは、見直す機会をもたずに、変更が必要だったにもかかわらず、そのままずっと使い続けてしまうことです。

では、なぜブラッシュアップが必要なのでしょうか。その理由は大きく次の２点です。

①時代の流れは早く、必要とされるスキルもまた変わっていく

②毎年、社員は成長する

たとえば、コロナ感染症下とそうでないときとでは、営業の形も変わります。また、ＩＴテクノロジーの変化で、書類の作成スキルも変わります。さらに、法改正や会社の方針によっても求められるものは変わってくるはずです。

また、毎年、社員は成長します。それに合わせて、スキル項目もぜひレベルアップしていきましょう。評価制度導入から５年経って、「５年前はこんな簡単にできる項目だったのか」と話せるようになれば、組織の成長が実感できるかもしれません。

8-4 運用委員会を設置しよう

全体をマネジメントする役割を担うチーム編成を

評価制度の運用をしっかりと継続していくためには、ぜひその役割を担う「運用委員会」を設置しましょう。

中小企業の場合、人事という部署が専担で組織されていることはあまりないと思います。総務や経理などの管理部のなかで兼任していたり、社長が人事を行なう、ということも多いのではないでしょうか。すると、総務や経理業務は比較的締め切りの多い（緊急度の高い）業務が多く、社長はもちろんもっと忙しいですから、評価制度に携わることはどんどん後回しになってしまいます。これらの人が担当者になっていると、なかなか運用に力が入らないまま、評価制度はだんだんと形骸化してしまうのです。

これを解決するために、社内の委員会、プロジェクトという形で評価制度の運用を専担するチームを立ち上げるのです。このチームの名称は、「運用委員会」でも「プロジェクト」でも「チーム」でもなんでもかまいません。社長も含めて動かすようにスケジュールを決め、全体をマネジメントする役割を担うチームです。

評価制度の導入時は、権限や影響力があるメンバーで設置し、浸透と運用の定着を第一に進めていきます。数年経って定着してきたら、メンバーを定期的に入れ替え、これからの若手にも担ってもらうようにしていくとよいでしょう。委員会の体験者が増えてくると、評価制度がいかに大事で、まわりに動いてもらう必要があるか、ということを皆がわかってきます。

そして、メンバーにはちゃんと「評価」してあげることも重要です。やらされ感にならずに、選ばれるのは期待されている社員であるという位置づけの委員会にしていきましょう。

8-5 評価制度を浸透させる方法

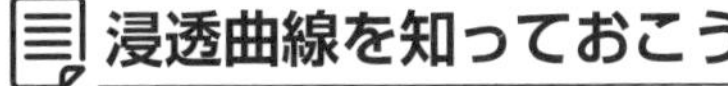

浸透曲線を知っておこう

「評価制度を導入したけれども、なかなか浸透しない。社員総会でも大事だと伝えているし、毎月の集会でも必ずやるようにといっているのだが…」というような話が多く聞かれます。会社がメッセージとして重要なものだといくら強調しても、なかなか期待どおりには取り組んでくれません。しかし実は、これは浸透のさせ方を少し間違っている可能性があります。

下図は浸透の状況を表わしたもので「**浸透曲線**」と呼んでいます。

◎浸透曲線とは◎

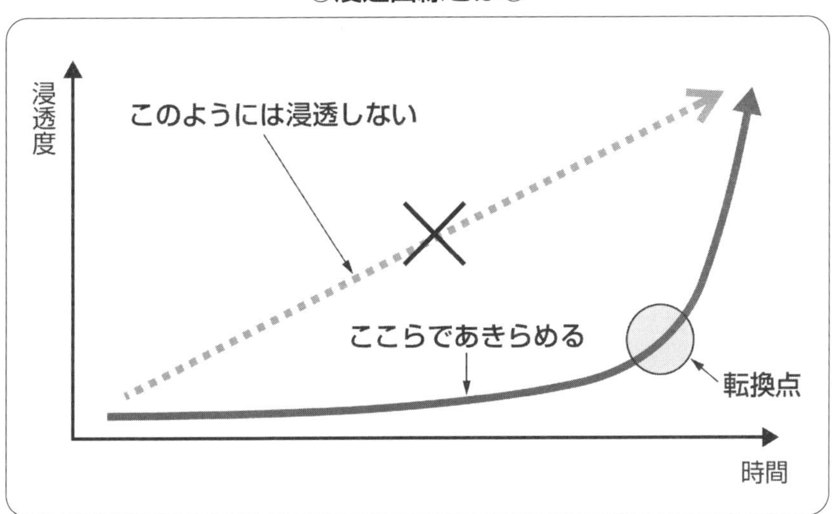

（アニモ出版刊『働き方改革を実現する「会社ルールブック」』より）

皆が集まる機会に伝えたほうが効率がいいだろう、ということで社員総会や事業計画発表会などに合わせて、評価制度の話をしたりしますが、実はこれはあまり浸透しないやり方なのです。

“1人vs.全員”のような対立になってしまい、この状態でいくら伝えてもダメです。前ページ図にあるように、力を入れた量に比例して、浸透していくことはありません。図の下にあるような低空飛行の線になっているのです。

評価制度に限らず、社員は変化を嫌います。いまの自分の仕事、やり方から変わることや新しいことには、内容のよし悪しに関係なく、まずは抵抗します。導入からしばらくは低空飛行が続くのです。

このような浸透曲線のしくみをわかったうえで、どのように浸透させていくか「戦略」を立てて進めていかないといけません。

具体的には、図にある「転換点」を狙っていきます。1人vs.全員ではなく、1人ひとりを味方にして増やしていき、その組織のなかの一定数（25%程度といわれています）が真剣に取り組むようになれば、あとは一気に浸透していきます。そして、そこにこの人がやっていれば皆が従う、逆にこの人がやらなければ皆やらないという「キーマン」がいると、より早く浸透するのです。

具体的には、そのようなキーマンと話し合う機会をつくり（場合によってはひざを突き合わせて本音で話せるように、社外のコミュニケーションを取ることも）、「制度をどうしても定着させたい。ぜひ協力してほしい」というように説得して、その人の賛同を得ます。そしてこの2人で、また次の影響力がある人を味方にしていく。このようなイメージで真剣に取り組む人を増やしていくほうが、全体には早く浸透するのです。これを、計画をもって実行していく必要があります。

前ページの図は、「**テイクオフ曲線**」ともいわれます。飛行機が飛ぶときには、最初はすごくエネルギーが必要になります。しかしその間はまだ飛び立てません。そのエネルギーを費やしたおかげで飛び立つ地点に到着し、一度飛び立つとある程度のエネルギーで飛び続けることができるのです。浸透するには「戦略」が必要です。ぜひ計画を立てて味方を増やしていきましょう。

8-6 「評価制度の運用」を評価項目に加える

評価制度の浸透を図る方法の一つとして有効

評価制度は重要だから、皆しっかりと取り組むように、といっても、自分の仕事のほうに注力し、その成果を出したほうが評価が高くなるのではないか、他の余計なことをして評価が下がってしまうのは避けたい、などという心理になっている場合があります。

そこで、少し直接的なやり方にはなりますが、評価項目のなかに「評価制度に取り組んでいる」という項目を入れます。

本来の目的である組織の向上のため、というよりも自分の評価を高めるため、という目的にはなってしまいますが、それでも評価制度に対する関心が高まり、取り組むようになるのであれば、導入時においてはこのやり方も有効な方法であると思います。

評価項目に入れる場合には、２パターンあります。一つは会社目標として掲げ、そこから目標管理の個人目標として設定してもらうパターンです。

会社目標	組織目標	個人目標
新人事評価制度の浸透と定着	新人事評価制度に皆が取り組み、人が成長している	スケジュールどおりに実施し、スキル評価のA以上を３つ増やす

もう一つは「姿勢項目」の一つとして入れ、「評価制度の運用に取り組んでいる」ことを固定の姿勢評価に入れて取り組んでもらいます。

成果目標項目、姿勢評価項目、のどちらかでも両方でもよいでしょう。いずれでも自分事として取り組むようになってきます。

8-7 「手引き」を活用しよう

手引きはＡ３一枚にまとめられている

【期初】【期中】【期末】のそれぞれのフェーズにおいて、３つの研修を本書で紹介してきました。導入当初の数年は、実際に時間を取って研修を行ないますが、その後は、毎回研修などは実施しなくなることが一般的と思われます。

しかし、完全にスキルとして身についていればいいですが、まだそうではない人がそれなりにいるなかで、大事なポイントが実行されないまま運用が進んでいってしまうことがあります。

また、新たに評価する立場になる人が、導入後数年経てば必ず出てきます。研修時の動画（研修会社によって対応は異なりますが、弊社ではＯＫにしています）を、昇格の際には必ず受講してもらうなどの工夫をするとともに、これらの研修のポイントをＡ３一枚の用紙にまとめた「手引き」を活用することで、研修内容を忘れることなく、実施できるようになります。

- **「目標設定の手引き」**…………183ページ
- **「サポートシートの手引き」**…200ページ

に加え、これまで資料では紹介していませんでしたが、

- **「評価実施の手引き」**…………次ページにて紹介

があります。

それぞれ目標設定時や評価時（「その場型」で実施する前に皆で10分程度、読み合わせなどするのが効果的）に必ず目を通すということで、ポイントを押さえられるようになります。ぜひご活用ください。ダウンロードして、カスタマイズできるようになっています。

◎一次評価実施の手引き◎

評価実施時の研修の内容で、実際に評価をつける際の大事なポイントが記載されています。評価シートの内容の確認事項に加え、以下のポイントなどが記載されています。

- **「目標達成評価」「スキル評価」「姿勢評価」の点の付け方**
- **人間性ではなく、事実の評価**
- **人と比べるのではなく、基準と比べる**
- **人材育成の目的をもって評価する**
- **期中の取り組みとスキル評価は別**
- **エラーに気をつける**

評価を実施する際には「手引き」を必ず手元に置いて、それを確認しながら評価を実施しましょう。

【資料20】

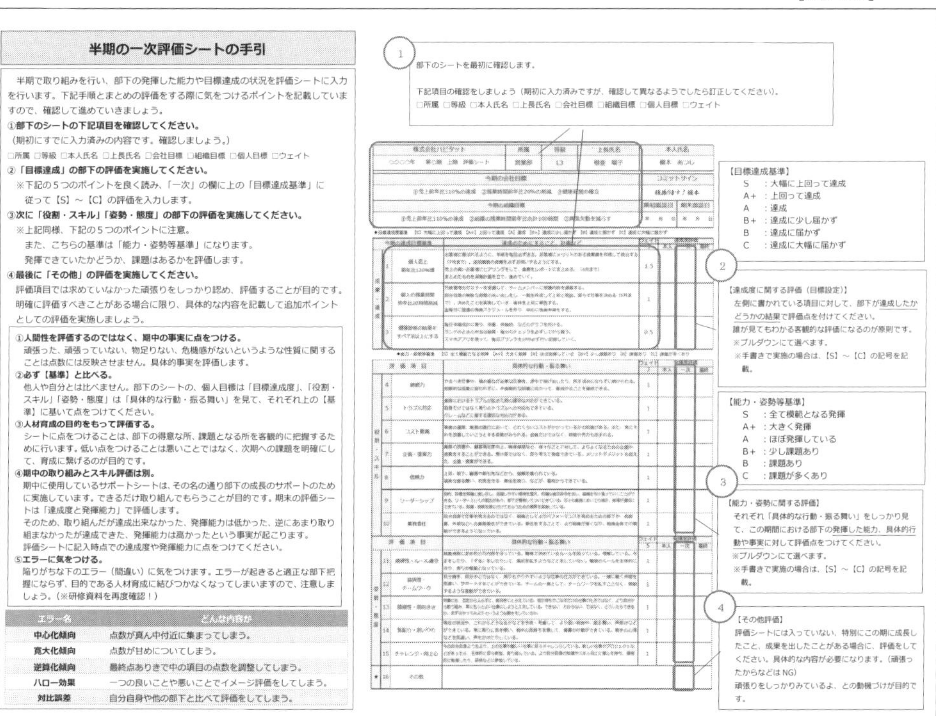

半期の一次評価シートの手引

半期で取り組みを行い、部下の発揮した能力や目標達成の状況を評価シートに入力を行います。下記手順とまとめの評価をする際に気をつけるポイントを記載していますので、確認して進めていきましょう。

①部下のシートの下記項目を確認してください。

（期初にすでに入力済みの内容です。確認しましょう。）

□所属 □等級 □本人氏名 □上長氏名 □会社目標 □組織目標 □個人目標 □ウェイト

②「目標達成」の部下の評価を実施してください。

※下記の５つのポイントを良く読み、「一次」の欄に上の「目標達成基準」に従って【S】～【C】の評価を入力します。

③次に「役割・スキル」「姿勢・態度」の部下の評価を実施してください。

※上記同様、下記の５つのポイントに注意。

また、こちらの基準は「能力・姿勢等基準」になります。

発揮できていたかどうか、課題はあるかを評価します。

④最後に「その他」の評価を実施してください。

評価項目では求めていなかった頑張りをしっかり認め、評価することが目的です。明確に評価すべきことがある場合に限り、具体的な内容を記載して追加ポイントとしての評価を実施しましょう。

①人間性を評価するのではなく、期中の事実に点をつける。

頑張った、頑張っていない、物足りない、危機感がないというような性質に関することは点数には反映させません。具体的事実を評価します。

②必ず【基準】と比べる。

他人や自分とは比べません。部下のシートの、個人目標は「目標達成度」、「役割・スキル」「姿勢・態度」は「具体的な行動・振る舞い」を見て、それぞれ上の【基準】に基いて点をつけてください。

③人材育成の目的をもって評価する。

シートに点をつけることは、部下の得意な所、課題となる所を客観的に把握するために行います。低い点をつけることは悪いことではなく、次期への課題を明確にして、育成に繋げるのが目的です。

④期中の取り組みとスキル評価は別。

期中に使用しているサポートシートは、その名の通り部下の成長のサポートのために実施しています。できるだけ取り組んでもらうことが目的です。期末の評価シートは「達成度と発揮能力」で評価します。

そのため、取り組んだが達成出来なかった、発揮能力は低かった、逆にあまり取り組まなかったが達成できた、発揮能力は高かったという事実が起こります。

評価シートに記入時点での達成度や発揮能力に点をつけてください。

⑤エラーに気をつける。

陥りがちな下のエラー（間違い）に気をつけます。エラーが起きると適正な部下把握にならず、目的である人材育成に結びつかなくなってしまいますので、注意しましょう。（※研修資料を再度確認！）

エラー名	どんな内容か
中心化傾向	点数が真ん中付近に集まってしまう。
寛大化傾向	点数が甘めについてしまう。
逆算化傾向	最終点ありきで中の項目の点数を調整してしまう。
ハロー効果	一つの良いことや悪いことでイメージ評価をしてしまう。
対比誤差	自分自身や他の部下と比べて評価をしてしまう。

8-8 「運用マニュアル」をカスタマイズしよう

毎年、運用する際に使えるツール

ここまで紹介したいくつかのポイントをマニュアル化した「**運用マニュアル**」があります。評価制度の全社員向け資料とは異なり、運用する側の人（経営者、人事部、運用委員会、評価者）などが、毎年運用する際に使っていただくためのマニュアルです。

この運用マニュアルに、年間スケジュールで実施することや、評価する側が気をつけるべきポイントなどを記載しておき、前項の各種手引きと同様に、確認しながら使ってもらうツールです。

「スケジュール」「運用のポイント」「目標設定」「期中のマネジメント」「サポートシート」「評価エラー」「フィードバック面談」などの内容を織り込んだ20ページほどのマニュアルです。ぜひ、カスタマイズしてご活用ください。

◎運用マニュアルの表紙と参考ページの抜粋◎ 【資料22】

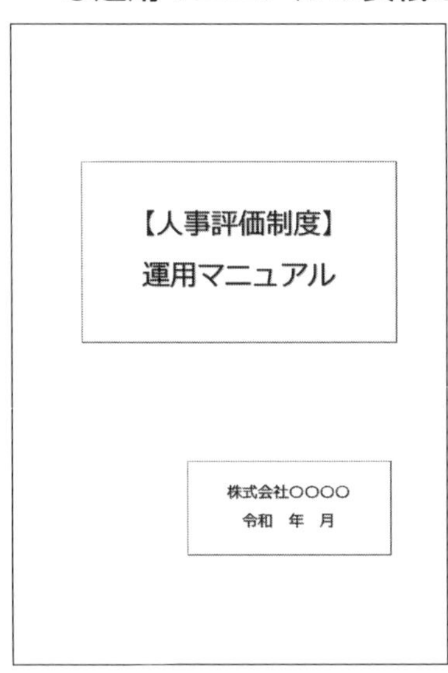

【人事評価制度】
運用マニュアル

株式会社〇〇〇〇
令和　年　月

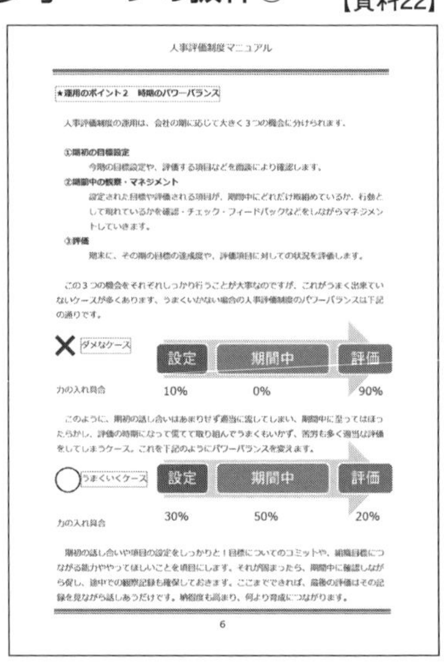

人事評価制度マニュアル

★運用のポイント２　時期のパワーバランス

人事評価制度の運用は、会社の期に応じて大きく３つの機会に分けられます。

①期初の目標設定
今期の目標設定や、評価する項目などを面談により確認します。

②期間中の観察・マネジメント
設定された目標や評価される項目が、期間中にどれだけ取組めているか、行動として現れているかを確認・チェック・フィードバックなどをしながらマネジメントしていきます。

③評価
期末に、その期の目標の達成度や、評価項目に対しての状況を評価します。

この３つの機会をそれぞれしっかり行うことが大事なのですが、これがうまく出来ていないケースが多くあります、うまくいかない場合の人事評価制度のパワーバランスは下記の通りです。

このように、期初の話し合いはあまりせず適当に流してしまい、期間中に至ってはほったらかし、評価の時期になって慌てて取り組んでうまくもいかず、苦労も多く適当な評価をしてしまうケース。これを下記のようにパワーバランスを変えます。

期初の話し合いや項目の設定をしっかりと！目標についてのコミットや、組織目標につながる能力ややってほしいことを項目にします。それが固まったら、期間中に確認しながら促し、途中での観察記録も確保しておきます。ここまでできれば、最後の評価はその記録を見ながら話しあうだけです。納得度も高まり、何より育成につながります。

6

8-9 運用する際のポイントの一覧

評価制度の運用を効果のあるものにするために

この本で、運用において気をつける点、こうしたら効果が出るという点をたくさん紹介してきました。そのなかでも特に重要と思われるポイントを以下に書き出してまとめてみました。振り返っていただければ幸いです。

- 「運用がうまくいく」とは「目的に近づいている」ということ
- 「評価項目」は毎年見直す（その結果、変わらなくてもＯＫ）
- 「期日型」から「その場型」へ
- 「本人評価」と「一次評価」は別々で同時に実施
- 「運用委員会」を設置する
- 「年間スケジュール」を日付単位で作成して発布する
- 【期初30％】【期中50％】【期末20％】のパワーバランス
- 「試験範囲」をすべて先に出しているのが人事評価
- 「目標設定」はつくる技術が重要
- 「期中」に見るしくみをつくり、承認と促しを行なう
- 「評価する」目的は「動機づけ」と「課題認識」
- 「成果」「スキル」「姿勢」のそれぞれの、性質、目的、評価の違いを把握する
- 評価は「ポテンシャル」ではなく「パフォーマンス」で
- 二次評価者の役割は、飛び越えるのではなく一次評価者の横串
- 箱ひげ図によるバラつきの分析と評価者ミーティング
- 【期初】【期中】【期末】のタイミングでの研修の実施
- フィードバック面談ストーリーシートの活用

8-10 「運用サポート提案書」の活用

コンサルタント向けのツール

これは、評価制度を業務として、クライアントに対して行なうコンサルタント向けのものではありますが、弊社では既存の制度は変えずに運用をまず変えてみましょうという提案をすることが多くあり、その場合の提案書というものを作成しています。

評価シートや評価基準、等級制度などが異なることはあっても、うまく運用させるための本質は変わりません。中身は割愛させていただきますが、本書で解説したポイントをまとめた提案書です。

コンサルタントからクライアント向けの提案資料として、もしくは人事部門から経営者へのプレゼン資料としても活用できます。ダウンロード特典ですので、ぜひご参考にしてください。

【資料23】

【運用サポートご提案書】

株式会社○○○○様

①運用サポートご提案
②お見積り

令和　年　月　日提出

「自己紹介ゲーム」

評価者研修などを実施する際に、最初のアイスブレーク的なワークとして効果的なものがあります。本書の３つの研修のカリキュラムには入れていませんが、ここでご紹介しておきましょう。

①ゲームの説明

「私がいまから自己紹介します。私からいくつ情報を知ることができたかをカウントしましょう。ただし、他の方にはわからないように数字を声に出したりはしないようにしましょう」

②自己紹介の実施

「では１分間、自己紹介します。私の名前は榎本あつしです。昭和47年生まれ、ねずみ年のうお座です。東京都の昭島市というところに住んでいます。家族は…」

③カウントした数をシートに記載

「それでは、情報をいくつ得ることができたか、数えた数を書いてください」

④数を発表

「数がいくつだったかを発表してもらいます。人数が多いので挙手でいきます。読み上げる個数のところで挙手をお願いします。５個以下の方、６個、７個、８個…」

⑤バラつきを伝える

「５個から15個まで人によってバラつきがあります。なんとなく何が目的のゲームか、わかりますでしょうか。私が話していることは人によって変えているわけではありません。でも、これだけ聞く人によってバラつきます。甘い・辛いではなく、『数え方の基準』が違うのです」

⑥作戦会議

「それでは、いまから作戦会議の時間です。この後２回目の自己紹介をします。数えた数がそろうようにグループで話し合って作戦を考えましょう。ただし、何を聞いても10個にする、というようなインチキはダメです。『聞き方の基準』の作戦を考えましょう」

⑦２回目の実施、同様に個数を聞く

「では、また自己紹介します。少し中身は変えるかもしれません。私の名前は…」

「また、挙手で回答をお願いします。まわりは見ずに、正直に書いた数に手を挙げましょう。５個以下の方、６個、７個…」

10～15分ぐらいでできるワークです。評価の場合と同じで、評価する側の基準が違うために、結果がバラつくということに気づいてもらうワークです。話し合いもありますので、場がほぐれます。

数を２回目に聞く場合は、かなり揃ってきます。話し合い（評価者ミーティング）の大切さにもつなげることができるので、ぜひ研修の前に取り入れてみてください。

◎自己紹介ゲームのワークシート◎

●１回目　＿＿＿　個　　●２回目　＿＿＿　個

●作戦の内容を記載しておきましょう。

9章

「評価制度の運用・研修パーフェクトガイド」資料集

9-1 ダウンロードアドレスと使用にあたってのお願い

本書で紹介してきた資料類を、本をご購入いただいた特典として提供させていただきます。すべてMicrosoft社のOfficeで作成、加工できる資料となっています。

ぜひ貴社もしくはクライアント先の評価制度の運用や評価者研修の実施などにご活用ください。

また、大変恐縮ですが、各資料のそのままによる再配布や、再販売などは禁止させていただいています。自社やクライアント先における活用のみに限定させていただきます。著作権は放棄していませんので、なにとぞご了承ください。

弊社のＷＥＢサイトから、下記アドレスを入力いただくと、特典専用のページに入ることができます。

そのページにある専用フォームより、大変恐縮ですが「お名前」と「メールアドレス」を入力いただくと、自動返信メールにてダウンロードアドレスをお届けしています。

https://millreef.co.jp/operation/tokuten/

password : nearco

圧縮ファイルにてダウンロードできますので、上記のパスワードにて解凍をお願いいたします。

また、フォームにてお申込みの際には、ぜひご感想をいただけるととても嬉しいです。弊社の励みにもなりますので、なにとぞよろしくお願い申し上げます。

9-2 資料一覧リスト

以下は、本書で提供している資料の一覧です。すべて加工可能なMicrosoft Officeの形式になっています（本書に出てくる順番でナンバリングしています）。

#	資料の名称	形式
01	年間スケジュール表	Excel
02	サポートシート（サンプル）	Word
03	期中のコミュニケーション振り返りシート	Word
04	フィードバック面談ストーリーシート	Word
05	研修事前チェックシート	Excel
06	評価者研修（期初の目標設定）カリキュラム	Excel
07	目標設定研修（期初の目標設定）レジュメ	PowerPoint
08	目標設定研修ワークシート	Word
09	目標設定研修ワークシート（解答）	Word
10	目標設定の手引き	Word
11	目標設定演習シート	Excel
12	研修振り返りシート	Word
13	評価者研修（期中のマネジメント）カリキュラム	Excel
14	評価者研修（期中のマネジメント）レジュメ	PowerPoint
15	サポートシートの手引き	Word
16	評価実施時研修（期末の評価実施）カリキュラム	Excel
17	評価実施時研修（期末の評価実施）レジュメ	PowerPoint
18	ミニ評価実施ワークシート	Word
19	評価実施研修ワークシート（解答）	Word
20	評価実施の手引き	Word
21	年間スケジュール	PowerPoint
22	運用マニュアル	Word
23	運用サポート提案書	PowerPoint

9-3 3つの研修で使用するもの一覧

7章で紹介した3つの研修のそれぞれで必要な資料類を以下にまとめました。内容をカスタマイズして、ぜひご活用ください。

◎目標設定研修（期初の目標設定）◎

05	研修事前チェックシート	Excel
06	評価者研修（期初の目標設定）カリキュラム	Excel
07	目標設定研修（期初の目標設定）レジュメ	PowerPoint
08	目標設定研修ワークシート	Word
09	目標設定研修ワークシート（解答）	Word
10	目標設定の手引き	Word
11	目標設定演習シート	Excel
12	研修振り返りシート	Word

◎評価者研修（期中のマネジメント）◎

05	研修事前チェックシート	Excel
02	サポートシート（サンプル）	Word
03	期中のコミュニケーション振り返りシート	Word
13	評価者研修（期中のマネジメント）カリキュラム	Excel
14	評価者研修（期中のマネジメント）レジュメ	PowerPoint
15	サポートシートの手引き	Word
12	研修振り返りシート	Word

◎評価実施時研修（期末の評価実施）◎

05	研修事前チェックシート	Excel
16	評価実施時研修（期末の評価実施）カリキュラム	Excel
17	評価実施時研修（期末の評価実施）レジュメ	PowerPoint
18	ミニ評価実施ワークシート	Word
19	評価実施研修ワークシート（解答）	Word
20	評価実施の手引き	Word
12	研修振り返りシート	Word

おわりに

本書を最後までお読みいただきありがとうございました。

「ぜひ、評価制度の運用に特化した本が書きたい」という思いがあり、編集者の小林様に頼み込んでご了解いただき、こうして出版することが叶いました。小林様、ありがとうございました。

人事制度や評価制度に関する本は、その必要性から世の中にかなり増えてきていると思います。ただし、その制度の運用に関しては、本のなかで少し触れるだけだったりして、実際に適切に運用できるようになるものはまだまだ少ないのではないでしょうか。

私自身もこれまで15年程度、人事評価制度の業務を行なうなかで、手探り状態でたくさん失敗しながらも、なんとか運用に関する一通りのノウハウが身につき（まだまだ勉強ですが）、このように本にする段階までくることができたのかな、と思っています。

もちろん、企業やコンサルタントの考え方や価値観により、制度も運用も変わるものだと思っています。本書で紹介したやり方がすべてではありませんし、すべてを網羅できるものだとも思っていません。

ただ、日本の中小・零細企業において、いかにシンプルにして、いかに現実的に効果を出すことができるのか、そこだけを外さないように、考え方から年間のイベントごと、それぞれの評価研修や、必要なマニュアル・資料類を揃えることができたつもりです。

評価者研修を実際にこの本を見ながらできるようにしたい、という考えから、後半部分ではスライドと、そのスライドを説明する際のコメントを掲載する形を取らせていただきました。そのため、私のこれまでの書籍に比べてページ数が多くなっていることをご理解いただけると幸いです。

研修内容のページと、簡単ではありますが解説のコメントなどをお読みいただきながら、研修の講師を務める方が少しでもイメージを明確にできればと思っています。

現在、私は弊社にご依頼いただく人事評価制度の構築業務、運用業務から、少しずつ、教育・育成の業務のほうにシフトしています(そうしたいと思っています)。

人事評価制度をマスターしていただいて、実践していく人を育成する機関として「人事制度の学校」という、人事制度を学ぶ場を開き、講座やアドバイスなどの仕事も行なっています。

実際にここで学び、マスターいただいた方のなかには、人事制度の業務を私よりもよっぽど高い価格で価値提供をして、業務依頼が毎月多くきて、待ってもらっているという声も聞きます（これは人事制度の学校の力ではなく、その方の営業力の賜物です)。

少子高齢化、労働力の減少から、企業の新しい社員の採用は今後もより厳しい状況へ進むことは避けられそうもありません。

以前は、人数が多くなって目が届かなくなったから、公平な査定のために人事評価制度を導入しようという目的で、大手の企業中心に人事評価制度は確立されてきました。しかし、いまは人数に関わらず、規模が小さくても人事評価制度を導入して、定着や育成をしていかないと企業は生き残れない、という時代になってきました。

このように、目的が変われば制度も変わり、使い方も変わってくるはずです。にもかかわらず、中小企業・零細企業が人事評価制度をつくろうと思っても、いまだ大手と同様の制度であったり、それなりの高額な金額が必要となるケースがまだまだ多くあります。

変わり始めてはいますが、小さい規模に特化した制度、そしてその運用方法はまだ確立していないと思っています。いまがちょうど過渡期であり、これからいまの時代に応じた人事評価制度や運用方法がどんどん世に出てきて、そこからまた効果的な形になって生き残っていくのではないでしょうか。

弊社で行なっている「Ａ４一枚評価制度」も、それ自体が生き残るというよりも、コンセプトや工夫などが残っていければ嬉しく、そのためにどんどん広めていこうと活動を進めています。

さて、仕事とは関係ありませんが、私も「天命を知る」年齢を超えてきました。そろそろ仕事だけではなく、老後に備えて趣味を考えるようになってきたのです。

どうやら聞くところによると、仕事一筋に生きてきて、定年や引退などしたら趣味を楽しもうと思っていても、いきなり仕事→趣味に切り替えるのは難しいらしいです。なので、いまのうちから老後に備えて趣味に生きていこうかと思っているのです。

日々のブログなどを書くことも生きがいになっていますが、そこでよく取り上げているのが、「ガーデニング」「一口馬主」「猫」などです。わが家はマンションなのですが、１階に比較的広い専用庭があり、いまここで７～80種類ぐらいの花木を育てています。

老後の趣味としては最適と思っています。あと競走馬に出資をする一口馬主も長年の趣味になっています。こちらは何頭に出資しているかが妻に見つかるとややこしいことになるので、秘密にさせていただきます。その他、猫のお世話とか、花とか馬とか猫とかの写真を撮ることが楽しみになっています。よい感じで老後に向けてシフトできているかなと思っています。あ、あと仕事をすることも一応好きですので、責任のある趣味として続けていくつもりです。

内容が何やら逸れてきたようなので、最後に感謝を伝えさせていただきたいと思います。

いつものわがままで好き勝手させてもらうことを温かく見守ってすべて許してくれる妻、そして事務所の仕事でいつも私が抜けてしまったりしているのを、これも暖かくフォローしてくれている竹内さん、八重樫さん、佐々木さん、山口さん、久保内さん、武田さん。皆さんがしっかりと事務所の仕事をしてくれるおかげで、この本を書くことができました。本当にありがとうございました。

最後に本書を手に取っていただき、お読みくださったあなた。関心をもっていただき、ありがとうございます。ぜひぜひ実践していただき、感想などもいただければとても嬉しく思います。

最後までお読みいただき、まことにありがとうございました。

著　者

【著者の活動】

◎人事制度の学校

https://ps-school.net/

＜人事制度を学ぶためのプラットフォームサイト＞

オンラインでの講座や、相談窓口としてのコンシェルジュサービスなどを実施。本書に登場する「Ａ４一枚評価制度」などをマスターするための研修講座、認定コンサルタント制度なども用意。

◎株式会社MillReef（ミルリーフ）

https://millreef.co.jp/

＜「Ａ４一枚評価制度」「評価をしない評価制度」などの中小企業向け人事制度の導入および運用支援サービス＞

「会社ルールブック」という組織活性化ツールの導入サービスや、企業研修やセミナーなども行なう。

◎社会保険労務士法人HABITAT（ハビタット）

https://habitat-sr.jp/

＜企業の労務サポートを行なう社会保険労務士法人の事業＞

- 人事・労務相談などのアドバイス業務
- 社会保険・労働保険等の諸手続きの代行業務
- 給与計算などのアウトソーシング業務

◎一般社団法人日本ＡＢＡマネジメント協会

https://j-aba.com/

＜ＡＢＡ（応用行動分析学）に関する研究や勉強会、企業コンサルティングの実施＞

- ＯＢＭ（組織行動マネジメント）の実践会の開催
- ＰＦＭ（パフォーマンスフィードバックマネジメント）のセミナーやコンサルティング業務

榎本あつし（えのもと　あつし）

社会保険労務士。株式会社MillReef 代表取締役、社会保険労務士法人HABITAT代表社員、一般社団法人行動アシストラボ代表理事、一般社団法人日本ABAマネジメント協会 代表理事、日本行動分析学会 会員。
1972年、東京都立川市生まれ。法政大学経済学部卒。大学卒業後、ホテルにて結婚式の仕事等に携わる。2002年、社会保険労務士試験合格。人材派遣会社人事部に転職後、2005年12月に社会保険労務士として独立。現在は、人事評価制度に関するコンサルタントとしての仕事を主要業務としている。ABA（応用行動分析学）の理論を用いた組織活性化業務を得意とする。
2015年に出身地東京都の福生市にオフィスを移転。妻と娘と猫2匹とともに、趣味の旅行と一口馬主を楽しみながら暮らしている。将来の夢は、猫のトレーニング会社の設立。
著書に『人事評価で業績を上げる!「A4一枚評価制度®」』『評価をしない評価制度』『「A4一枚」賃金制度』『自律型社員を育てる「ABAマネジメント」』『働き方改革を実現する「会社ルールブック®」』（以上、アニモ出版）がある。

評価制度（ひょうかせいど）の運用（うんよう）・研修（けんしゅう） パーフェクトガイド

2022年11月15日　初版発行

著　者　榎本あつし
発行者　吉溪慎太郎
発行所　株式会社**アニモ出版**
〒162-0832 東京都新宿区岩戸町12 レベッカビル
TEL 03(5206)8505　FAX 03(6265)0130
http://www.animo-pub.co.jp/

ISBN978-4-89795-267-3
印刷：文昇堂／製本：誠製本　Printed in Japan